현명한 사람은 삶의 무게를 분산한다

◆ 일러두기

1. 현대 단행본이나 고서 등 책으로 만들어진 작품은《 》, 편명이나 영화 및 TV 프로그램 등은〈 〉로 표기하였습니다.
2. 국립국어원 표준국어대사전을 따르되 일부 저자의 입말을 살린 단어와 고전 속 옛 표현을 사용하였습니다.
3.《논어》와《장자》 등의 원문은 미주에 수록하였습니다.

휘청이는 삶을 다잡아 주는 공자와 장자의 지혜

현명한 사람은
삶의 무게를 분산한다

제갈건 지음

클랩북스

제갈건 선생은 사제 관계로 만났다. 형형한 눈빛으로 골똘히 사색에 잠기던 선생을 보며 정말 공부하고 싶어 하는 한 사람을 만났다는 기쁨에 매 수업 시간이 기다려졌다. 마음을 가지런히 하면 말이 되고, 말을 가지런히 하면 글이 되고, 글을 가지런히 하면 책이 된다. 공자와 장자 전문가인 제갈건 선생이 이번에 지혜로운 삶에 대한 책을 내니 기쁘다.

내가 할 수 있는데도 남의 도움을 청하는 사람은 의존하는 사람이다. 반대로 내가 할 수 없는데도 남에게 도움을 청하지 않는 사람은 막힌 사람이다. 내가 할 일은 내가 하고, 내가 하기 힘든 일은 남의 도움을 받아 하는 원리를 아는 데 오랜 시간이 걸린다. 자립과 상생이 어우러져 우리 삶이 된다.

제갈건 선생의 글은 자립과 상생이 함께 어우러져 아름다운 삶이 된다는 이치를 자신이 경험한 삶을 솔직하게 드러낸 후 공자와 장자의 이야기를 적용하여 생생하고 깊은 그만의 진리로 우리를 초대하고 있다. 그의 이야기를 따라가다 보면 언젠가 나도 해 본 적이 있는 고민을 만나게 되고, 무릎을 치며 그때 놓친 것이 이것이었구나 하는 깨달음이 온다.

공자와 장자의 이야기를 들려주는 책은 많다. 그러나 공자와 장자의 생각에 의존하지 않고, 이를 내 삶에 적용하여 나의 서사로 풀어 새롭게 나만의 생각으로 확장하는 책은 드물다. 제갈건 선생의 글은 공자와 장자의 생각과 어우러지면서, 나만의 생각을 창조하고 심화하는 아름다운 자립의 모습을 담고 있어 보는 이로 하여금 자신의 삶의 모습을 들여다보고 생각하게 만드는 귀한 글이다. 제갈건 선생이 책에서 이야기하는 자립과 상생의 원리가 책을 써 나가는 글에서도 온전히 적용되고 있어 현명한 사람은 삶의 무게를 분산한다는 진리를 한 글자 한 글자 우리 마음에 각인시키고 있다.

언젠가 제갈건 선생에게 '이런 제자가 있어 편안히 눈감을 수 있다'고 했더니, '이런 선생님이 있어 편안히 눈뜨고 살 수 있다'는 답이 왔다. 우리도 자립과 상생으로 삶의 무게를 분산하며 사는 사제지간이다. 이번 책이 다른 사람들과 살아가는 내가 어떤 마음과 기준으로 살아가야 할지를 환하게 밝혀 주는 등불이 될 것이라 믿는다. 바라건대 더 많은 사람들이 이 책으로 자신의 삶을 더 화평하고 행복하게 다져 가기를 희망한다.

- 이서원(《오십, 나는 재미있게 살기로 했다》 저자)

각자의 삶에는 각자의 무게가 있다

우리는 매주 같은 요일을 반복해서 살아간다. 하지만 자세히 들여다보면 똑같은 요일은 단 하루도 없다. 할 일이 다르고 만나는 사람이 다르며 삶을 대하는 태도가 다르기 때문이다. 지난주 월요일보다 이번 주 월요일이 조금이라도 더 나아지기를 거부하는 사람은 없을 것이다. 그러나 이번 주가 지난주와는 비교도 할 수 없을 정도로 나아지길 바란다면 성급한 욕심이다. 이번 주가 그저 지난주와 같기만을 기대한다면 도전에 대한 회피이자 지나친 안주다. 그러므로 이 책의 목적은 조금이라도 더 나은 내일을, 그로써 보다 나은 일주일을 만들어 나감에 있다.

동양철학의 맛은 '중용'과 '변화'로부터 찾을 수 있다. 중용이 삶의 균형을 맞추기 위해 필요하다면 변화는 일상에 새로운 자극을 불어넣기 위해 필요하다. 삶의 균형을 유지하며 새로운 변화를 맞이하는 일은 현대인들이 목말라하는 가치이면서 현대인들에게 필요한 덕목인 것이다. 필자가 《논어》와 《장자》를 이 책의 소재로 활용하는 이유도 여기에 있다. 《논어》가 균형 잡힌 삶을 위해 알아야 할 지혜를 소개한다면 《장자》는 과감한 변화를 통한 새로운 삶으로의 여정을 안내한다. 《논어》가 개념적이고 직관적인 가이드라면 《장자》는 우의적이며 입체적인 가이드인 셈이다.

해이해진 마음을 잡아 주는 《논어》
삶의 긴장을 해소해 주는 《장자》

동양철학의 양대 산맥은 유가儒家와 도가道家라 해도 과언이 아니다. 유가의 대표 인물로는 공자와 맹자를, 도가의 대표 인물로는 노자와 장자를 들 수 있다. 공자의 사상은 《논어》에, 노자의 사상은 《도덕경》에, 장자의 사상은 《장자》에, 맹자의 사상은 《맹자》에 가장 잘 담겨 있다. 《논어》와 《도덕경》이 간결하고 함축적이라면 《장자》와 《맹자》는 자세하며 구체적이다.

유가와 도가는 다른 듯 비슷하고 비슷한 듯 다르다. 유가의 주된 고민이 해이해진 마음에 질서를 부여하는 것이라면 도가의 주된 고민은 삶에서 발생하는 긴장을 해소하는 것이다. 이처럼 세상을 바라보는 관점에는 차이가 있지만 삶에 꼭 필요한 지혜를 추구한다는 점에서 유가와 도가는 맥을 같이한다.

《논어》와《장자》가 만나면 동양철학은 진지하면서도 지루하지 않게 되고 풍요로우면서도 핵심을 짚게 된다. 논리에 설복당한 사람은 고개를 끄덕이지만 그렇다고 마음까지 쉽게 움직이진 않는다. 마찬가지로 이해되지 않는 감동을 받은 사람은 눈물을 흘리더라도 눈물에 담긴 뜻을 알지 못한다. 하지만 마음으로 감격을 이해한 사람은 고개를 끄덕이는 동시에 울고 또 웃을 수 있다. 이런 점에서 《논어》와《장자》의 만남은 감동적이면서도 여운이 남는 배움의 장이 되리라 생각한다.

후대의 철학자 정이천은《논어집주》에서《논어》를 이렇게 평가하기도 했다.

"《논어》를 읽기 전에도 이런 사람이고 다 읽고 난 뒤에도 이런 사람일 뿐이라면 이는 곧《논어》를 읽지 않은 것이다."

이 문장에는《논어》를 읽은 사람이라면 반드시 삶에 변화가 생길 것이란 정이천의 확신이 담겨 있다.

한편《장자》의 〈천하〉 편에는 장자의 책이 어떠한지를 소개하는 대목이 나온다.

"그의 책은 크고 아름답지만 빈틈이 없어서 진리를 손상시키진 않는다. 그의 말은 들쭉날쭉하긴 하지만 익살스럽고 재미있어서 읽어 볼 만하다."

세상에는 정직하고 근엄한 사람도 있지만 유쾌하고 익살스러운 사람도 있다. 공자와 장자 또한 성격이 조금 다를 뿐, 지혜를 사랑한다는 점에서는 서로 통할 수 있다.

모두에게 주어지는 월화수목금토일
어떻게 살 것인가?

시간은 모든 인간에게 공평하게 주어지는 것이다. 평생에 걸쳐 후회를 적게 하려면 일단 한 해를 잘 살아야 하고, 한 해를 후회 없이 지내려면 한 달을 잘 보내야 한다. 한 달이 의미 있으려면 한 주일을 잘 소화해야 하고, 한 주일을 허비하지 않으려면 하루하루가 새로워야 한다.

사람은 누구나 매 순간 자신의 삶을 경영한다. 경영이란 계획이 실천으로 옮아가는 과정이다. 여기서 문제는 생각은 쉽지만 말로 표현하기란 어렵고, 말을 행동으로 옮기기란 더욱 어렵다는 데 있다. 일상에서 내 생각이 잘 전달되지 않을 때, 또 스스로 내뱉은 말을 실천하지 못하게 될 때 우리는 좌절에 빠지기 쉽다.

이 책은 공자와 장자의 입을 빌려 그날그날 적용 가능한 삶의 지혜를 소개한다. '나는 원래 이렇게 형편없는 사람이야'라며 자포자기한 채 고개를 떨군 이에게 공자와 장자는 살며시 다가와 어깨를 토닥인다. 그리고 말한다. 괜찮다고. 잠시 삶의 균형이 깨졌을 뿐이라고. 무궁무진한 변화의 가능성이 여전히 살아 숨 쉬는 중이라고. 이로써 공자와 장자의 철학은 따스한 격려와 위로가 된다. 두 철학자의 손길에 용기를 내어, 주저앉았던 자리에서 벌떡 일어나 다시 걷는 길은 희망찬 삶의 여정이 된다.

각자의 삶에는 각자의 무게가 있다. 7일이라는 시간은 모두에게 동일하게 주어지지만 자신에게 주어진 삶의 무게를 어떻게 분산하느냐에 따라 일주일의 양상은 달라질 수 있다. 매일 새로운 마음가짐으로 균형을 추구하는 삶은 예술이 될 것이다. 하지만 작은 변화도 포기한 채 매몰되어 가는 삶은 곧 엉망이 되고 만다. 고인 물은 썩고 구르는 돌에는 이끼가 끼지 않는 것과 같은 이치다.

한 주 한 주의 연속으로 만들어 나가는 것이 인생이다. 그 여정의 가운데는 달가운 때도 있지만 그렇지 못한 때도 있다. 휘청이는 순간이 찾아오면 삶의 균형에 대한 공자의 조언이 든든한 버팀목이 되어 주리라 믿는다. 너무 들뜨거나 몹시 우울한 시기엔 새로운 변화에 대한 장자의 조언이 삶의 균형을 떠올리게 해 주리라 믿는다.

"인생이란 천리마가 좁은 틈새를 달려 지나가는 것과 다를 바 없다."

《장자》의 〈도척〉 편에 등장하는 말이다. 또 이태백의 시 〈춘야연도리원서〉에서는 "무릇 천지는 만물의 여관이요, 세월은 영원한 나그네"라 하였다. 이처럼 우리 모두는 세상이라는 여관에 잠시 묵어가는 나그네다. 삶의 균형을 잃고 비틀거리며 쫓기듯 도망치는 나그네, 좋은 동행들과 여유로이 차 한잔 즐길 줄 아는 나그네. 어떠한 나그네로 살아갈지를 결정하는 데 이 책이 미약하게나마 이바지하는 바 있기를. 나 자신에게, 그리고 이 책과 인연이 닿을 독자 여러분에게 겸손한 마음으로 간청드린다.

봄의 끝자락에서,
일운 제갈 건 적다.

月曜日

1장
무기력한 월요일

"다시 시작하는 마음으로"

火曜日

2장
늘어지는 화요일

"스트레스를 다스려야 할 때"

日 曜 日

7장
아쉬운 일요일

"마무리의 미덕"

月 曜 日

1장

무 기 력 한
월 요 일

•

"다시 시작하는 마음으로"

어렸을 때 많이 들었던 말이 "놀 땐 놀고 공부할 땐 공부하라"였다. 이 말은 평일엔 열심히 일하고 주말엔 열심히 놀아야 한다는 현대인의 마음가짐과 묘하게 닮았다. 둘의 공통점은 극단적이라는 데 있다. 이처럼 극단적인 태도를 부추기는 문화 때문에 현대인들은 놀 듯이 공부하고 놀 듯이 일할 수 있다는 사실을 잊어버린 듯하다.

공자는 중용을 통해 마음의 여유를 되찾고자 했다. 일에 치우치거나 노는 데 치우친 사람에게는 마음의 여유가 있을 수 없다. 월요일이든 금요일이든 특정한 날에 기대는 사람에게도 마음의 여유가 없긴 마찬가지다. 이들은 늘 넘치거나 모자란 상태에 놓일 수밖에 없다. 또 이미 '중'의 상태에서 벗어났으므로 '용' 역시 별 소용이 없는 것이다.

그래서 공자는 백성 중에 중용을 오래 하는 사람이 드물다고 하였다. 이는 오래도록 마음의 여유를 갖고 삶을 대할 수 있는 사람이 거의 없다는 말과 같다. 마음먹은 지 사흘이 채 못 간다는 '작심삼일'은 사람들이 일상에서 자주 쓰는 표현이다. 이번엔 사흘밖에 못 갔지만 다음엔 나흘이라도 가 보겠다며 새롭게 마음을 굳혀도 번번이 실패하고 만다. 어쩌면 진짜 문제는 부족한 의지가 아니라 삶을 대하는 태도에 있을지도 모른다.

중용을 실천하고자 노력하는 사람은 많지만 중용을 실천하는 방법은 제각기 다르다. 많은 사람이 월요일부터 목요일까지 열심히 일을 한다. 그리고 금요일 저녁부터 주말까지는 몸과 마음을 불태워 놀고 푹 쉼으로써 중용을 지키려 한다.

하지만 이런 방식으로는 중은 될 수 있으나 용을 하기는 어렵다. 중의 핵심이 균형 그 자체에 있다면 용의 핵심은 좋은 균형을 잡을 수 있는 마음의 여유에 있기 때문이다. 그래서 중만 되고 용이 되지 않을 때 사람은 악순환이 반복됨을 느낀다. 늘 마음의 여유가 없으므로 즐거움은 모자란 듯하고 아쉬움은 넘치는 듯하다. 결국 일해도 일하는 것 같지 않고 놀아도 노는 것 같지 않다.

내가 가진 것을 어떻게 활용할 것인가

장자 하면 가장 먼저 떠오르는 말 가운데 하나가 소요유逍遙遊다. 이 각각의 한자에 공통으로 들어가는 부수의 이름은 '쉬엄쉬엄 갈 착辶'이다. 쉬엄쉬엄 간다는 말은 소풍을 나선 어린아이처럼 놀 듯이 간다는 말과 같다. 장자는 공부와 일뿐만 아니라 세상만사를 놀 듯이 처리하고 싶었던 사람이다. 그래서 누군가 내게 장자에 대해서 묻는다면 나는 '놀 듯이 살고 싶었던 사람'으로 그를 소개하고 싶다.

손을 트지 않게 하는 방법은 같은데도 어떤 사람은 땅을 봉해 받고 어떤 사람은 솜 빠는 일을 면치 못했으니 이것은 쓰는 방법이 달랐기 때문이다.[4]

———— 《장자》〈소요유〉

《장자》에는 손이 트지 않는 약을 잘 만들었던 송나라 사람의 이야기가 실려 있다. 이 사람의 집안은 대대로 솜 빠는 일을 해 왔는데 그러다 보니 식구들의 손이 자주 부르텄다. 손이 부르트면 일을 할 수 없었으므로 이 집안에는 손이 트지 않는 약을 만드는 비법도 함께 전해져 내려왔다.

하루는 한 나그네가 송나라 사람을 찾아왔다. 이 나그네는 송나라 사람에게 손이 트지 않는 약의 비법을 후한 값을 주고 사겠다고 제안했다. 송나라 사람은 가족들을 모아 놓고 이렇게 말했다.

"우리는 대대로 솜을 빨았지만 겨우 먹고살 뿐이었다. 그런데 오늘 한 손님이 와서 비싼 값에 약 만드는 기술을 사겠다고 하니 그 비법을 팔자."

이렇게 나그네는 손이 트지 않는 약의 제조법을 얻게 되었다. 그리고 그해 겨울에 오나라와 월나라 사이에 전쟁이 벌어졌다. 나그네는 손이 트지 않는 약의 비법을 들고 오나라 임금을 찾아갔다. 오나라 임금은 나그네를 장수로 삼았다. 오나라 군사들은 나그네의 비법 덕분에 물에서 월나라 군사들을 크게 패배시켰다. 임금은 나그네의 공로를 치하하며 그에게 오나라 땅의 일부를 영지로 주었다.

송나라 사람은 손이 트지 않는 약을 발라 가며 누구보다 열심히 일했다. 하지만 평생 솜 빠는 일을 그만둘 수 없었다. 반면에 손이 트지 않는 약의 비법을 산 나그네는 적절한 때에 자신이 알게 된 비법을 잘 썼을 뿐인데 영주가 되었다. 이 일화를 통해 성공의 비결은 무엇을 가졌는가보다 어떻게 쓰는가에 달려 있음을 알 수 있다.

매일을 놀 듯이 사는 이는 지혜롭다

일주일은 모든 사람에게 동등하게 주어진다. 하지만 그 일주일을 누군가는 송나라 사람처럼 쓰고 누군가는 나그네처럼 쓴다. 나에게 주어진 것을 잘 쓰기 위해서는 세상이 어떻게 돌아가고 있는지를 살필 수 있어야 한다. 그리고 그런 안목은 마음의 여유로부터 온다. 송나라 사람과 나그네의 가장 큰 차이는 삶을 대하는 태도에 있었다. 송나라 사람은 하루하루 먹고사는 데 급급했지만, 나그네에게는 주변을 돌아볼 수 있는 마음의 여유가 있었던 것이다.

마음의 여유는 놀 듯이 쉬엄쉬엄 살아가는 사람들, 즉 소요유하는 이들에게 내리는 하늘의 선물이다. 네덜란드의 역사가 요한 하위징아는 호모 루덴스homo ludens라는 개념을 소개한 것으로 알려져 있다. 호모 루덴스란 '노는 인간'이라는 뜻이다. 노는 인간을 장자식으로 표현하면 '소요유하는 인간'이 된다. 이 둘의 공통점은 모두 마음의 여유를 가짐으로써 삶의 효율을 높인다는 데 있다. 불금만을 기다리며 일로 평일을 불태우는 사람과 매일을 놀 듯이 즐겁게 살아가는 사람, 둘 중 어느 쪽의 삶이 더 효율적일지는 곰곰이 생각해 볼 일이다.

중용과 소요유의 관건은 마음가짐과 삶의 자세에 있다. 악순환이 선순환이 되고, 작심삼일이 작심백일이 되며, 무기력한 하루가 활기찬 매일이 되는 비결은 모두 마음에 여유를 갖고 쉬엄쉬엄 놀 듯이 살아가는 삶의 태도에 달려 있다. 놀기 위해 사는 삶은 자칫 고달프고 힘들 수 있다. 하지만 매일을 놀 듯이 사는 삶은 즐겁고 평화롭다.

산다는 것은
먼지나 때가 묻는 것과 같다

　현장에서 중독자들을 만나다 보면 꽤 많은 이들이 공황발작으로 어려움을 호소한다. 공황이란 갑자기 일어나는 심리적 불안 상태를 이르는 말로 그 원인과 양상은 여러 가지다. 하지만 이들이 겪는 괴로움이 대체로 '이러다 정말 죽을 수도 있겠다'는 생각에 기인하는 것만큼은 분명해 보인다.

　사실 죽음에 대한 공포는 살아 있는 모든 존재의 숙명이다. 예로부터 동양에서는 삶과 죽음의 관계를 조명하고자 열생오사悅生惡死와 호생오사好生惡死 같은 표현을 사용해 왔다. 열생오사란 '삶을 기뻐하고 죽음을 싫어한다'는 뜻이다. 호생오사는 '삶을 좋아하고 죽음을 미워한다'는 뜻이다. 삶에 끌리고 죽음을 기피하는 것은 어찌 보면 동서고금을 막론한 인간의 본능이다. 그렇기 때문에 함부로 '죽음을 두려워하지 말라'거나 '삶에 집착하지 말라'는 말을 꺼낼 수는 없다. 하지만 산 자는 죽음을 알 수 없고 죽은 자는 말이 없는 것 역시 엄연한 사실이다. 알 수 없는 것을 지나치게 두려워하느라 마땅히 집중해야 될 일에 소홀하게 된다면 이 또한 현명한 처사라고 볼 수 없다.

삶은 어찌할 수 없는 일들의 연속

죽은 다음에 어떻게 되는지 정확하게 알 수 있다면 지금보다는 낙관적인 자세로 삶을 살아갈 수 있지 않을까. 그러나 때로는 모르는 것을 모르는 채로 남겨 두는 것이 더 나은 경우도 있다. 살다 보면 '어쨌든 살아 내고 있다'는 느낌을 받기도 한다. 공자와 장자는 우리가 무기력하기보다는 희망차고 낙관적이기를 바라는 마음에서 몇 마디 말을 건넨다. 다음은 《논어》에 실린 공자와 그의 제자 자로의 대화다.

자로가 귀신 섬기는 것에 대해서 묻자 공자께서 말씀하셨다.
"아직 사람도 잘 섬길 수 없는데 어떻게 귀신을 섬길 수 있겠는가?"
자로가 다시 물었다.
"감히 죽음에 대해서 묻겠습니다."

공자께서 다시 말씀하셨다.

"아직 삶도 잘 알지 못하는데 어떻게 죽음을 알겠는가?"[5]

——————— 《논어》〈선진〉

공자의 어머니 안징재는 하늘과 땅을 잇는 무녀巫女로 알려져 있다. 당시에 하늘과 땅을 잇는 대표적인 방법으로는 제사와 점치기가 있었다. 실제로 공자는 제례에 능통했고 점을 치는 데도 일가견이 있었다고 전해진다. 여러 제자 가운데 자로만큼 공자와 가까이 지내며 오랜 시간을 함께한 이는 드물었기에 제사의 전문가였던 공자를 향해 자로가 귀신 섬기는 것에 대하여 질문한 것은 뜬금없다기보다는 자연스러운 일로 보아야 할 것이다.

《논어》에 수록된 공자와 제자들의 대화 가운데 자로와의 대화 말고도 귀신을 소재로 한 이야기는 더 있다. 또 다른 제자 번지가 지혜로움에 대하여 묻자 공자는 이렇게 말했다.

"백성들을 의롭게 만드는 데 힘쓰고 귀신을 공경하되 멀리하면 지혜롭다고 할 수 있다."[6]

또 〈술이〉에는 이런 대목이 실려 있다.

"공자께서는 괴이한 것, 힘센 것, 어지러운 것, 귀신에 관한 것은 말씀하지 않으셨다."[7]

공자는 왜 귀신에 대해 언급하기를 꺼렸을까? 첫째로 공자는 사람들이 어찌할 수 없는 것, 명확히 알기 어려운 것에 집착하기보다는 그래도 어찌해 볼 수 있는 것, 그나마 알 수 있는 것에 집중하기를 바랐기 때문이다.

둘째로 공자는 사람들이 호기심이나 궁금증, 재미를 자극하는 데 삶의 의미를 두기보다는 떳떳하고 올바른 방법으로 마음을 챙기며 즐거움을 얻기를 바랐기 때문이다.

동양의 전통에 따르면 사람이 죽었을 때 양陽의 성질을 가진 혼魂은 하늘로 솟고 음陰의 성질을 가진 백魄은 땅으로 꺼진다. 동양인들은 땅으로 돌아간다고 하여 백을 귀歸라 하였고 하늘로 퍼진다고 하여 혼을 신伸이라 하였다. 그러므로 동양 문화권에서 귀신鬼神은 유령ghost을 의미하지 않는다. 귀신이란 마치 계절이 바뀌듯 땅으로 돌아가고 하늘로 펼쳐지는 일종의 순환 과정인 셈이다.

계절의 변화에 적응하며 살아갈 순 있지만 계절을 바꾸지 못하게 할 수는 없다. 또 계절이 바뀌는 원리는 유추할 수 있지만 구체적으로 왜 계절이 바뀌는지는 알 수 없다. 이처럼 공자는 어찌할 수 없는 것과 명확히 알지 못하는 것들에는 '알 수 없음'의 자세로 일관했다. 대신 어찌해 볼 수 있는 '사람'에 관심을 기울였고 그나마 알 수 있는 사람의 마음을 챙겨 주었다.

'왜' 사는지가 아니라 '어떻게' 살 것인가

동양의 철학자 가운데 '죽음 이후를 알 수 없다'는 결론에 도달

한 인물은 공자만이 아니다. 《장자》의 〈지락〉에는 재미난 우언이 실려 있다.

장자가 초나라로 가다가 앙상한 해골을 보았다. 해골은 뼈가 바싹 말라 형체만 남아 있었다. 장자가 해골을 말채찍으로 두드리면서 물었다.

"그대는 삶을 탐내다가 이치를 잃었기 때문에 이렇게 되었는가? 혹시 그대는 나라를 망치는 일을 하다가 처형당해서 이렇게 되었는가? 아니면 그대는 선하지 못한 행동을 해서 부모와 처자식까지 치욕스럽게 하고 부끄러워서 이렇게 되었는가? 아니면 그대는 헐벗고 굶주리는 환난을 당해서 이렇게 되었는가? 아니면 그대는 나이를 많이 먹어 이렇게 되었는가?"

말을 마치고는 해골을 끌어다 베고 누워 잤다. 밤중에 해골이 장자의 꿈에 나타나 말했다.

해골: 당신은 죽음에 대한 얘기를 들어 보고 싶소?

장자: 그렇소.

해골: 죽음의 세계에 위로는 임금이 없고 아래로는 신하가 없소. 또 사철의 변화도 없소. 아무 거리낌 없이 하늘과 땅과 나이를 함께할 뿐이오. 비록 임금 노릇 하는 것이 즐겁다 하지만 이보다 더할 수는 없소.

장자: 내가 사람의 목숨을 주관하는 신에게 부탁해 당신의 육체를

다시 살려 내고 당신의 뼈와 살과 살갗을 갖추게 하고서 당신의 부모와 처자와 마을 사람들과 아는 사람들에게 돌려보내 주도록 한다면 당신은 그것을 바라겠소?

해골: 내 어찌 임금 노릇 하는 즐거움을 버리고 다시 산 사람의 수고로움으로 되돌아가겠소?[8]

——————— 《장자》〈지락〉

장자의 꿈에 나타난 해골은 장자의 말이 이리저리 끼워 맞추길 좋아하는 사람의 말에 불과하다고 말한다. 장자가 말한 모든 것은 어디까지나 살아 있는 사람에게만 해당되는 일들이기 때문이다. 해골은 죽음에 대한 말을 이어 갔다.

"죽고 나면 임금도 없고 신하도 없으며 사시사철의 변화조차 없소. 나는 아무 걱정도 없이 그저 하늘과 땅과 함께할 뿐이오. 비록 임금 노릇이 즐겁다 한들 지금 내 즐거움에는 미치지 못할 것이오."

꿈속에 있지만 여전히 산 사람인 장자는 해골의 말을 믿을 수 없었다. 그래서 해골에게 사람의 목숨을 주관하는 신에게 부탁해 육체를 살려 낼 수 있다면 어떻게 하겠냐고 물었다. 그러자 해골은 몹시 불쾌한 표정을 지으며 이렇게 말했다.

"내가 무슨 까닭으로 임금 노릇보다 더한 즐거움을 버리고 다시 산 사람의 수고로움을 짊어지겠는가!"

이 뒷이야기는《장자》에 실려 있지 않다. 하지만 장자가 해골과의 대화에서 전하고 싶은 깨달음은 장자의 철학적 개념 중 하나인

사생제일死生齊一에 가깝다. 사생제일은 '죽음과 삶이 균일하다'는 뜻이다. 해가 긴 계절과 짧은 계절이 있는 것처럼, 습한 곳과 건조한 곳이 있는 것처럼, 삶이 있으면 죽음도 있는 것이 자연스러운 세상의 이치다. 그래서 장자는 이렇게 말했다.

> "산다는 것은 먼지나 때가 묻는 것과 같으며 죽고 사는 것은 밤낮과 같다."9
>
> ─────── 《장자》〈지락〉

> "살고 죽는 것은 어찌할 수 없는 명命이다. 밤과 낮이 일정한 것은 하늘의 원래 그러한 이치다."10
>
> ─────── 《장자》〈대종사〉

우리는 어찌해 볼 수 없거나 그 이유를 알 수 없을 때 '원래 그렇다'는 표현을 쓴다. 어떻게 태어났고 어떻게 죽게 되었는지를 말할 수 있는 사람은 많다. 하지만 왜 태어났고 왜 죽는지를 말할 수 있는 사람은 아무도 없다. 그래서 현명한 사람은 왜 살며 왜 죽는가를 고민하지 않는다. 대신 어떻게 살 것이며 어떻게 죽을 것인가를 생각한다.

공자와 장자는 한목소리로 인생은 '원래 그런 것'이라고 말한다. 산 사람은 죽을 때까지, 어쩌면 죽고 난 뒤에도 자신이 왜 살게 되었는지를 알 수 없을 것이다. 이는 먼지와 때가 왜 묻게 되었는지 알 수 없는 것과 같다. 하지만 먼지와 때가 묻지 않게 조심할 수는 있고, 이미 묻은 먼지와 때를 닦아 낼 수도 있다.

중요한 것은 '왜' 사느냐가 아니라 '어떻게' 사느냐에 달려 있다. 삶과 죽음은 균일하다. 그러므로 잘 사는 사람만이 잘 죽을 수 있고 잘 죽은 사람만이 잘 살았음을 증명할 수 있다. 낮 시간을 즐겁게 보낸 사람은 밤 시간도 즐거울 가능성이 높다. 반면 이미 일어난 일 앞에서 왜 이렇게 되었는지만을 고민하다가 당장 내 삶에 닥친 문제와 내 곁의 소중한 사람을 도외시한다면 어떨까. 그런 사람을 기다리는 것은 잘못된 삶과 잘못된 죽음뿐일지도 모른다.

남들의 정답이 아닌
나만의 혜안을 찾아서

강연장에서 학생들을 만날 때가 있다. 강연의 끝자락에 빠지지 않는 것이 질의응답 시간이다. 학생들의 질문을 받다 보면 예외 없이 받는 느낌이 있다. 바로 '정답을 말해 줘야 할 것 같다'는 느낌이다. 정답을 알려 주기란 언제나 능력에 부치는 일이다. 학술적으로 권위 있는 답변을 내놓을 수는 있지만 과연 그것이 정답인가에 대한 확신은 없기 때문이다.

세계적으로 한국, 중국, 일본만큼 객관식 문제를 좋아하는 나라도 흔치 않다는 이야기를 들은 적이 있다. 객관식 문제는 채점이 용이하고 평가자의 수고를 덜어 준다는 장점이 있다. 하지만 문제를 푸는 사람의 입장은 조금 다르다. 객관식 문제에 익숙해지다 보면 자기도 모르게 정답만 찾아 헤매는 사고방식을 갖게 된다.

시험에는 정답과 오답이 있지만 우리 삶에는 정답과 오답이 없다. 내게는 정답인 것이 저 사람에게는 오답일 수 있다. 그 반대도 마찬가지다. 내게는 말도 안 되는 답안이 누군가에게는 훌륭한 혜안일 수 있는 것이다.

동양의 원형적 사고
서양의 직선적 사고

예로부터 동양인은 원형적 사고를 하는 데 능했다. 하늘과 땅으로 나뉘기 전, 세상 만물의 원시적인 상태를 의미하는 태극은 네모도 세모도 아닌 동그라미의 꼴을 갖추고 있다. 열반에 이르지 못한 채 생을 마감하면 끊임없이 생사를 거듭한다는 윤회 사상도 마찬가지다. 태극과 윤회, 이 두 가지만 봐도 동양인이 변화와 순환에 초점을 맞추어 세상을 바라봤음을 알 수 있다. 그러므로 동양인에게 '고정불변의 실체'란 생소하고 상상하기 어려운 것이었다.

반면 서양인은 직선적 사고를 하는 데 익숙하다. 기원이 있으면 종말이 있음이 당연하고 대다수 인과관계는 기원-종말의 일직선상에서 성립되었다. 이는 오랫동안 서양인의 전통적인 논리였다. 이런 까닭에 서양인은 이항대립에서 오는 긴장감을 불편하게 여기지 않는 듯하다. 직선적 사고로는 명암明暗, 선악善惡, 승패勝敗가 공존할 수 있음을 이해하기 어렵다. 예컨대 직선적 사고에 익숙한 사람이

'결과는 패배지만 과정으로 보면 승리나 다름없다'는 이야기를 듣게 된다면 어떨까? 아마 '이긴 건 이긴 거고 진 건 진 거지 무슨 뚱딴지같은 소리'냐며 고개를 갸우뚱할지도 모른다.

원형적 사고와 직선적 사고 가운데 무엇이 더 뛰어난가를 규명하기는 어려운 일이다. 그럴 바에는 서로의 문화 차이를 수용하고 각자의 입장을 존중하는 편이 더 나을 수도 있다. 다만 원형적 사고가 발달한 동양권에서 오히려 객관식과 단답형 물음이 판을 치고, 직선적 사고가 발달한 서양권에서 주관식과 서술형 물음이 빈번한 현상은 한 번쯤 생각해 볼 만하다. 어쩌면 서양인은 직선적 사고를 할 경우 오류가 생길 가능성이 많다는 사실을 깨닫고 변화를 시도하고 있는 것일지도 모른다. 반면에 동양인은 서구권의 우수한 기술 문명이 주는 환상에 젖어 이미 한계가 드러난 직선적 사고에 뒤늦게 집착하고 있는 것일지도 모른다.

결승선이 정해진 직선 트랙에서 백 사람을 한 방향으로 달리게 하면 간발의 차이라도 1등에서 100등까지 순위가 매겨질 수밖에 없다. 하지만 결승선이 정해지지 않은 원형 트랙에서 백 사람을 각자가 원하는 방향으로 나아가게 한다면 모두가 1등이 될 수도 있다. 시험도 마찬가지다. 정답을 요구하는 시험에는 늘 석차가 붙어 다닌다. 0.1점 차이로도 1, 2, 3등이 생기니 최선을 다했음에도 스스로가 늘 부족한 느낌을 받을 수밖에 없다. 하지만 서로의 생각을 자유롭게 개진하는 시험은 다르다. 사고의 폭이 좁은 사람은 생각의 폭을 넓힐 수 있다. 비교적 폭넓게 사고하던 사람도 다른 생각을 접하며 새로운 배움과 깨달음을 얻을 수 있다.

우리의 삶도 별반 다르지 않다. 정해진 정답을 찾아 방황하는 삶에는 비교와 경쟁만이 난무할 뿐이다. 결국 힘센 사람의 말과 행동이 정답 행세를 할 가능성이 높다. 이런 시스템 속에서 나의 주장을 관철하려면 남의 답안을 깔아뭉개는 수밖에 없다.

반면 나름의 해답을 찾고자 노력하는 삶에서는 점차로 삶의 의미가 확장되고 자기만의 가치가 창출된다. 이런 시스템 속이라면 각자의 해답이 공존하며 상생할 수 있다.

본성의 멋을 해치는 고정관념들

공자는 "속수 이상을 행한 자는 내 일찍이 가르쳐 주지 않은 적이 없다"[11]라고 하였다. 속수란 말린 고기 열 개를 포개어 다발로 묶은 것을 말한다. 공자 시대에 속수는 스승에게 첫인사를 건넬 때 드리는 예물 중 가장 약소한 것이었다. 공자는 배움에 대한 의지만 있다면 누구라도 가르치기를 꺼리지 않았다.

"가르침만 있을 뿐 차별함은 없다."[12]

———————— 《논어》〈위령공〉

공자가 베푼 교육의 가장 큰 특징은 정답을 제시하지 않는다는 것이다. 공자는 같은 질문을 받더라도 질문을 던진 제자가 누구냐에 따라 매번 다른 대답을 내놓았다. 세상에 똑같은 사람은 없듯이 공자의 제자들도 저마다 본성이 달랐다. 어떤 제자는 말솜씨가 뛰어났고 어떤 제자는 글솜씨가 뛰어났다. 정치에 관심이 크거나 사업 수완이 좋은 제자도 있었다.

바다가 아무리 드넓어도 그곳에는 나무 한 그루 자랄 수 없고, 토양이 아무리 비옥해도 그곳에는 물고기가 살 수 없는 법이다. 공자의 교육 목표는 물에서 고생하는 나무를 산으로 인도하고 흙에서 애쓰는 물고기를 바다로 안내하는 것이었다. 이처럼 공자는 저마다 다른 제자들이 각자의 삶에 맞는 해답을 찾을 수 있도록 도왔다.

장자도 공자의 교육관과 비슷한 생각을 가지고 있었다.

"물오리의 다리는 비록 짧지만 길게 이어 주면 근심할 것이다. 학의 다리는 비록 길지만 짧게 잘라 주면 슬퍼할 것이다. 그러므로 본성이 길면 잘라 주지 않아도 되고 본성이 짧으면 이어 주지 않아도 된다. 아무것도 걱정할 것이 없는 것이다. 또한 엄지발가락과 둘째 발가락이 붙어 있는 사람은 그것을 쪼개 주면 울 것이다. 손가락이 여섯 개 달린 사람은 그것을 잘라 주면 울 것이다. 이 둘은 한쪽은 숫자상 남음이 있고 한쪽은 숫자상 부족함이 있다. 하지만 그 근심에 있어서는 마찬가지인 셈이다."[13]

———— 《장자》〈변무〉

장자의 이야기를 읽다 보면 언젠가 들었던 한 신부님의 말씀이 떠오른다. "애꾸눈 나라에 가면 눈이 양쪽에 달린 사람은 이상한 사람이 됩니다."

나는 짧은 다리를 길게 늘이기 위해 혹은 긴 다리를 짧게 줄이기 위해 소중한 인생을 낭비하며 살아오진 않았던가 돌아보게 된다. 네 개 달린 발가락을 구태여 쪼개어 주려고, 여섯 개 달린 손가락을 부득불 잘라 주려고 애쓴 적은 없는지도 반성하게 된다. 본성과 개성은 같은 말이다. 많은 이들이 정답이라 외치는 것만을 정답으로 여기고 이제껏 배워 온 것만을 정답이라 생각하는 삶에는 개성이 설 자리가 없다. 하지만 나의 본성이 존중받는 만큼 상대방의 본성도 귀하게 여기는 삶에는 각양각색의 꽃이 만발할 수 있다.

예로부터 동양에서 '멋'과 '맛'은 같은 의미로 쓰여 왔다. 저마다 다른 본성의 맛이 살아나는 세상은 멋스럽고 풍성하다. 반면 하나의 맛으로 돌아가는 세상은 억지스럽고 건조하다. 어떤 세상을 위해 인생을 바칠 것인가. 이는 다수의 정답에 연연하느냐 나만의 해답을 발견하느냐에 달려 있다.

고개를 숙인 채 걷는 사람은 발 앞에 떨어진 동전밖에 볼 수 없다. 하지만 고개를 들어 멀리 보는 사람은 저 앞에 떨어진 지폐까지 볼 수 있다. 이미 땅에 묻힌 정답을 찾아 헤매는 대신 나의 개성을 믿고 당당히 고개를 들 수 있다면 어떨까. 눈앞에 펼쳐진 갖가지 해답이 반갑게 손짓하며 나를 기다리고 있을지도 모른다.

인간은 정말로
고쳐 쓸 수 없는가

"걸레는 빨아도 걸레다."

한동안 유행했던 이 말에는 사람은 절대 바뀌지 않는다는 생각이 반영되어 있다. 나는 일진으로 10대를, 알코올 중독자로 20대를 보냈다. 그래서인지 이런 말을 들을 때면 내게 한 말이 아니더라도 괜히 마음이 찔리곤 했다. 나는 이 말이 왜 내 마음을 쿡쿡 찌르는지 몇 번이고 자문해 보았다. 그러자 이런 결론이 나왔다.

'지금의 나는 일진이나 알코올 중독자가 아니다. 하지만 이런 표현을 들을 때면 한번 일진이었고 중독자였던 사람은 영원히 그 삶에서 벗어날 수 없을 것 같다는 생각이 든다. 희망과 용기로 새롭게 불타오르는 삶에 찬물을 끼얹는 듯한 느낌을 주기 때문에 이 말은 내게 걸리적거리며 또 아프다.'

성질은 안 변해도 성격은 변한다

"걸레는 빨아도 걸레"라는 말은 동양철학의 관점에서 봤을 때 반은 맞고 반은 틀렸다. 동양에서는 사람의 성정을 크게 두 가지로 구분한다.

첫째는 본연지성本然之性이다. 이는 '본래 그러한 성질'을 뜻한다. 본래 그러한 성질은 다시 네 가지로 나뉜다. 급하거나, 느리거나, 굳세거나, 부드럽거나. 타고난 성질이 급한 사람은 아무리 노력해도 쉽게 느긋해지지 않는다. 토끼가 거북이처럼 느릴 수 없는 것과 같은 이치다. 타고난 성질이 부드러운 사람은 이를 악물어도 좀처럼 대차게 저항하기가 어렵다. 갈대를 꼿꼿이 세울 수 없는 것과 같은 이치다. 이처럼 타고난 성질을 동양에서는 하늘이 부여한 것이라고 하여 천성天性이라고 부른다. 동양에서 천성과 인성, 성질은 모두 같은 말이다.

둘째는 기질지성氣質之性이다. 이는 '후천적으로 띠는 기운'을 말한다. 사람에게는 성질 외에도 성격이 있다. 이 성격이 바로 기질지성이다. 성질은 바뀌지 않지만 성격은 환경에 따라 얼마든지 바뀔 수 있다. 예컨대 성질이 급한 사람도 여유로운 환경에 지속적으로 노출되다 보면 어느 정도 느긋해질 수 있다. 성질이 부드러운 사람도 각박한 환경에서 드센 사람들과 오래 교류하다 보면 성격만큼은 굳세어질 수 있다. 오늘날 널리 퍼진 MBTI와 같은 성격 테스트를 할 때마다 결과가 조금씩 달라지는 이유도 마찬가지다. 주어진 환경에 따라 바뀔 수 있는 것이 바로 성격이기 때문이다. 동양에서는 성격을 인격이라고 한다.

인성과 인격의 상호작용으로 만들어지는 것이 성품이다. 동양에서는 성품을 인품이라고 한다. 그러므로 인품이란 인성과 인격이 균형을 잡아 가는 과정에서 생긴 결과물이다. 인성이 마냥 굳세고 급한 사람도 인격을 잘 갈고닦으면 인품은 온유해질 수 있다. 인성이 한없이 부드럽고 느린 사람도 인격을 잘 계발하면 인품은 강인해질 수 있다. 인성은 절대 바뀌지 않는 것이 맞다. 하지만 인격과 인품은 바뀔 수 있다. 그러므로 "걸레는 빨아도 걸레다"라는 말은 인성에만 해당되는 셈이다.

맑은 물도 고이면 썩는다

공자와 장자는 그렇고 그런 마무리와 뻔한 시작이 모든 변화를 이끌어 내는 원동력임을 강조한다.

공자께서 말씀하셨다.

"나는 무언을 하련다."

자공이 말했다.

"선생님께서 만약 말을 안 하시면 저희들은 어떻게 가르침을 이어 받겠습니까?"

공자께서 말씀하셨다.

"하늘이 무슨 말을 하더냐? 그래도 사계절이 운행되고 만물은 자라난다. 하늘이 무슨 말을 하더냐?"¹⁴

———————— 《논어》〈양화〉

난데없는 스승의 묵언 성명에 공자를 모시고 있던 자공은 덜컥 겁이 났다. 자공은 공자의 제자들 가운데 말재주가 뛰어났던 인물로 알려져 있다. 스승과 토론하길 무엇보다 즐겼던 자공에게 '앞으로 말하지 않겠다'는 공자의 선언은 청천벽력이었다.

《논어》를 한 글자로 줄이면 인(仁)이 된다고 하였다. 인이란 '더불어 사는 세상에 대한 믿음'을 말한다. 입으로는 함께 사는 세상이 좋다고 말하며 행동으로는 나 혼자만 잘 먹고 잘 살 궁리를 한다면 그는 인을 모르는 사람이고 인한 사람도 아니다. 더불어 사는 세상에 대한 믿음이 있는 사람은 반드시 더불어 살기 위한 노력을 실천한다. 그리고 더불어 살기 위한 노력을 실천하는 사람은 이미 더불어 사는 세상에 대한 믿음을 가진 사람이다.

영리했던 자공은 금세 공자의 말에 담긴 뜻을 알아차렸다. 아마 자공은 이렇게 생각했을 것이다.

'인이란 말로써 설명될 수 있는 무언가가 아니구나. 하루도 쉬지 않고 변화하는 저 하늘의 모습처럼 끊임없이 인을 향해 나아가고자 하는 의지, 그 자체가 바로 인이구나. 인을 실천함으로써 인한 사람으로 변화해 가는 모습. 인은 그 가운데 있는 것이다.'

동양인들은 변화變化에서 변變과 화化를 구분해 왔다. 변이 물리적인 변화를 의미한다면 화는 화학적인 변화를 의미한다. 예컨대 길에 굴러다니는 음료수 캔을 밟아 찌그러뜨렸다면 그 음료수 캔은 이전과 다른 모습으로 '변'한 것이다. 하지만 얼음이 물이 되고 물이 수증기가 되듯 본질은 같지만 이전에 무엇이었는지 알기 어렵다면 그것은 '화'한 것이다. 이는 사람도 마찬가지다. 다이어트에 성공했거나 성형 수술을 받아서 외양이 달라졌을 때 그 사람은 변한 것이지만 화한 것은 아니다.

하지만 어떤 사람의 성격, 즉 인격이 이전과는 판이하게 달라졌다면 그는 화했다고 볼 수 있다. 동양에서는 이처럼 '변'을 수동적이고 종속적인 변화로, '화'를 능동적이며 주체적인 변화로 생각했다.

장자는 변화에 대해 이렇게 말했다.

사람들은 그들에게 아름다워 보이는 것을 신기하다 하고 그들에게 추해 보이는 것을 고약하고 썩었다 한다. 그러나 고약하고 썩은 것은 다시 변해서 신기하게 되고 신기한 것은 다시 변해서 고약하고 썩은 것이 된다. 그러므로 말한다.
"천하는 한 가지 기운으로 통하게 된다."
성인은 그래서 이 하나를 귀하게 여긴다.[15]

—————— 《장자》〈지북유〉

여기서 장자가 말하는 한 가지 기운이란 곧 변화를 말한다. 그 중에서도 특히 '화'를 의미한다. 세상에 달라지지 않는 절대적인 한 가지가 있다면 그것은 '모든 것은 결국 달라져 변화하게 된다는 사실'뿐이다. 그러므로 슬기로운 사람은 변화를 긍정하고 장려하며, 그렇지 못한 사람은 변화를 부정하며 두려워한다.

이러한 사고방식은 선한 사람과 악한 사람을 구분하지 않았던 동양의 전통에도 고스란히 담겨 있다. 예로부터 동양에서는 선악 개념을 즐겨 쓰지 않았다. 그래서 동양에서 선의 반대말은 악이 아니라 불선不善이다. 불선이란 '선하지 않다'는 뜻이다. 악한 사람과 선하지 않은 사람은 비슷해 보이지만 가능성의 면에서 차이가 있다. 예컨대 어떤 사람을 악하다고 규정해 버리면 그 사람은 영원히 악한 사람이라는 모종의 낙인감으로부터 자유로울 수 없다. 하지만 불선하다는 표현에는 '불不' 자만 떼어 내면 언제든지 마음을 고쳐 먹고 선한 사람으로 살아갈 수 있다는 희망과 용기, 그리고 믿음이 담겨 있다. 마찬가지로 선하게 살고자 게으름을 피우지 않고 노력한 사람도 한순간 마음을 달리 먹으면 언제든지 불선에 빠질 수 있다. 모든 사람은 선과 불선의 경계를 하루에도 수십, 수백 번씩 오간다. 결국 사람을 선인과 악인으로 딱 잘라 구분하지 않았던 동양인의 사고에는 '변화하는 인간'에 대한 존재론적인 믿음이 서려 있다고 봐도 무방할 것이다.

아무리 맑은 물도 고여 있으면 썩을 수밖에 없다. 아무리 멋진 돌도 구르지 않으면 이끼가 낀다. 변화는 세상 만물의 어찌할 수 없는 숙명이다. 이는 아무리 좋은 인성을 타고났더라도 끊임없이 인격과 인품을 갈고닦지 않으면 불선에 빠질 수밖에 없다는 방증이기도 하다. 결국 사람의 재량으로 선택할 수 있는 것은 좋은 쪽으로 변화할지 아니면 나쁜 쪽으로 변화할지 그 방향성뿐이다.

탕지반명의 정신
"진실로 매일 새롭게"

유교 경전 중 하나인 《대학》에는 이런 대목이 실려 있다.

"진실로 매일 새롭게, 매일매일 새롭게, 또 매일 새롭게."[16]

이 대목은 동양의 성인 가운데 한 사람인 탕왕[17]이 자신의 세숫대야에 새겼던 글귀로 알려져 있다. '탕왕의 세숫대야에 새겨진 글씨'라고 하여 이를 탕지반명湯之盤銘이라고 한다. 탕왕은 말없이 위대한 하늘의 가르침에 귀를 기울였다. 또 그는 천하를 하나로 꿰뚫는, 그래서 슬기로운 사람들이 귀하게 여기는 진리를 잘 알고 있었다. 그것은 바로 변화였다. 탕왕은 어제의 나와 오늘의 내가 같지 않을 때, 오늘의 나와 내일의 내가 다를 수 있을 때 이 나날의 변화들이 모여 위대한 결과로 이어짐에 주목했다.

성질은 평등할 수 있다. 세상엔 토끼 같은 사람도 있고 거북이 같은 사람도 있다. 대쪽 같은 사람도 있고 갈대 같은 사람도 있다. 토끼와 거북이, 대나무와 갈대는 저마다 고유하기 때문에 이것들엔 위계도 없고 좋고 나쁨도 없다. 매끄러운 성질도 잘 미끄러진다는 단점으로 작용할 수 있고 거친 성질도 내구성이 좋다는 장점이 될 수 있다. 결국 인성이란 모두 평등한 셈이다.

하지만 인격과 인품은 평등할 수 없다. 인격에는 좋은 인격도 있지만 나쁜 인격도 있다. 인품에는 훌륭한 인품도 있지만 보잘것없는 인품도 있다. 그러므로 인격과 인품은 변화를 향한 노력의 소산이자 변화하려는 의지의 산물이라고 할 수 있다.

"걸레는 빨아도 걸레다"라는 말은 "수건은 더러워져도 수건이다"라는 말과 같아 보이지만 현실은 그렇지 않다. 지저분한 걸레도 깨끗이 빨면 수건으로 쓰일 수 있고, 깨끗한 수건도 오물이 묻은 채로 오래 방치하면 걸레가 되고 만다. 스스로의 추함을 알고 나날이 변하는 걸레는 어느 순간 수건으로 화化할 수 있다. 장자는 이런 변화가 신기함의 대상이 된다고 하였다. 스스로의 아름다움을 믿고 나날이 같은 모습에만 머물며 불변하는 수건은 어느 순간 부식되어 고약한 냄새를 풍길 것이다. 장자는 이런 변화가 추함의 대상이라고 하였다.

과거에 무엇이었는지 상상조차 할 수 없을 정도로 변화하는 것은 멋진 일이다. 하지만 그보다 더 중요한 것은 신기한 변화를 이루어 낼지 추한 변화를 이루어 낼지에 달려 있다.

당신의 삶을
주말로 미루지 말 것

결혼한 지 얼마 되지 않았을 때였다. 평소 바쁘다는 핑계로 집안 일에 참여하지 못했던 미안함이 컸다. 모처럼 큰마음을 먹고 아내에게 맛있는 요리를 해 주겠다며 호언장담을 한 뒤 주방 근처에는 얼씬도 하지 못하게 했다. 홀로 요리책 여러 권을 뒤적이고 저울이며 계량컵 등 집에 있는 조리 도구를 모조리 동원했다. 그렇게 만든 요리는 차마 입에 댈 수 없는 맛을 냈다. 아내는 두어 숟가락 뜨는 둥 마는 둥 하더니 조용히 수저를 내려놓고 이렇게 말했다.

"고생했어. 오늘 저녁은 배달시켜 먹자."

만일 그날 아내와 함께 요리를 만들었다면 어땠을까. 어쩌면 요리책 여러 권에 담긴 글보다 아내의 말 한마디가 더 도움이 되었을지도 모른다. 하지만 아내가 아무리 말뿐 아니라 손짓발짓으로 거

들었더라도 결코 아내의 손맛을 흉내 낼 수는 없었을 것이다. 아내의 손맛은 아내만의 뜻이며 길, 즉 아내만의 도이기 때문이다.

정치인의 본질은 정치를 하는 데 있다

"은혜롭기는 하되 정치하는 법은 알지 못했다. 해가 11월이 될 때 사람이 건널 수 있는 다리를 만들고 12월이 될 때 수레가 건널 수 있는 다리를 만들었다면 백성들은 강 건너는 것을 고통스러워하지 않았을 것이다. 군자가 미리 그 정사를 화평하게 다스려 놓는다면 길을 다닐 때 사람들을 물리치기에 편하다. 어떻게 한 사람 한 사람을 매번 일일이 건네주겠는가? 정치를 하는 사람이 사람들을 각각 만나서 기쁘게 해 주려면 날마다 쉬지 않고 하더라도 부족할 것이다."[18]

──────── 《맹자》〈이루 하〉

정나라에서 강물이 불어나자 때마침 근처를 지나던 자산은 백성들 한 명 한 명을 자신의 수레로 일일이 건네주었다. 이 대목은 그 일에 대한 맹자의 반응으로 봐도 무방하다. 은혜로웠다는 맹자의 첫마디를 통해 그가 자산을 비난하려는 것이 아님을 알 수 있다. 다만 맹자는 본말本末, 즉 본질과 말단에 대하여 말하고 있다.

《대학》에는 "모든 사태에는 본질과 말단이 있으니 우선할 바와 나중 된 바를 안다면 곧 도道에 가까워질 것이다"19라는 대목이 실려 있다. 정치에도 도가 있다. 이를 정도政道, 즉 '정치의 길'이라고 한다. 자산은 정나라의 정치를 위해 부름을 받은 사람이지 뱃사공으로 임명된 사람은 아니었다. 정치의 본질은 백성들의 삶에 초래될 수 있는 불편함을 미연에 방지하는 것에 있다.

예컨대 정나라처럼 강물이 불어났을 때 정치가가 해야 할 일은 강물이 왜 불어났는지를 살피는 것이다. 이로써 정치가는 앞으로 강물이 불어나지 않도록 어떤 조치를 취할지, 혹은 강물이 불어나더라도 어떻게 해야 백성들의 삶에 불편함이 없도록 할 수 있을지 그 해결 방법을 모색해야 한다. 강물이 불어났을 때 백성들을 건네주는 일은 뱃사공의 본질이지 정치가의 본질이 아니기 때문이다.

그러므로 강물이 불어난 것을 본 자산은 한시라도 빨리 조정에 들어가 회의를 열었어야 했다. 사태의 위급함을 알리고 다리를 만들거나 둑을 세워 대책을 마련하는 것이 자산이 우선할 일이었다. 하지만 자산은 자신이 우선할 일을 미룬 것도 모자라 뱃사공이 할 일마저 가로채 버렸다. 눈앞의 백성을 차마 외면할 수 없었다지만 자산은 사태의 본질과 말단을 잊어버린 채 자신이 먼저 해야 할 일과 나중에 해야 할 일도 알지 못했다. 그래서 맹자는 자산과 같은 방식으로는 평생 자신을 수고롭게 하더라도 백성들을 기쁘게 해 주지 못할 것이라고 하였다. 자산의 행동을 꼭 틀렸다고 볼 수는 없지만 정치의 본질과는 동떨어져 있음을 지적한 것이다.

인생은 평일과 주말로만 나눌 수 없다

이처럼 본말선후를 아는 일은 인생이라는 길을 걷는 우리 모두에게도 무척 중요하다. 본말선후란 '본질과 말단, 우선해야 될 일과 나중에 해도 될 일'을 뜻한다. '오늘은 평일이니 주말에 쉬자', '오늘은 주말이니 우선 쉬고 보자'는 마음 때문에 차곡차곡 쌓인 삶의 불균형, 그 시작에는 월요일이 있다. 이러한 불균형은 평일과 주말의 본말에만 집중했을 뿐 삶의 본말은 간과했을 때 발생하는 경우가 많다. 그래서 현대인들은 일요일 밤이 되면 우울하고, 우울한 상태로 맞이하는 월요일 앞에 무기력해진다.

> "산앵두나무 꽃이여! 펄럭펄럭 나부끼는구나. 어찌 그대를 사모하지 않겠냐마는 집이 너무 멀도다."
> 공자께서 말씀하셨다.
> "사모하지 않는 것이다. 어찌 먼 것이 있겠는가?"[20]
>
> ──────── 《논어》〈자한〉

공자와 장자는 하루하루의 본말이 아니라 삶의 본말에 관심을 가질 것을 요청한다. 《논어》의 〈자한〉에는 앵두나무를 소재로 한 짧은 시 한 편이 실려 있다. 시인은 산에 흐드러지게 핀 앵두나무의 꽃을 바라보며 무척 아름답긴 하지만 자신이 가야할 길이 너무 멀다고 말한다. 시를 읽은 공자는 말한다. "진심으로 사모하지 않는 것이다. 진심이라면 어찌 먼 것이 있겠는가?"

《주역》의 〈계사상전〉에는 "글로는 말을 다할 수 없고 말로는 뜻을 다할 수 없다"[21]라는 말이 있다. 만약 당신이 집으로 가던 길에 우연히 산앵두나무 꽃을 마주쳤다면 어떨까? '고것 참 예쁘게도 피었다'며 감탄사를 뱉는 사람은 많을 것이다. 하지만 정말로 산앵두나무 꽃의 아름다움에 매료된 사람은 가까이 다가가 냄새도 맡아보고 잎사귀를 조심스레 쓰다듬어 보기도 할 것이다. 어쩌면 스마트폰을 꺼내 산앵두나무 꽃과 함께 셀카를 찍을 수도 있다. 반면 스쳐 지나가듯 감탄사를 내뱉을 뿐 가던 길을 재촉하는 사람도 있을 것이다. 공자는 후자의 경우 진정으로 산앵두나무 꽃을 사모하는 것은 아니라고 하였다. 여전히 눈앞의 산앵두나무 꽃보다 더 중요한 일을 잊지 못하고 있기 때문이다.

유창한 말은
정성스러운 마음 앞에서 무력하다

글과 말을 비교했을 때 글은 말단이 되고 말은 본질이 된다. 예컨대 무척 보고 싶은 사람과 아무리 편지를 주고받더라도 전화를 걸어 그 사람의 목소리를 직접 듣고 대화를 나누는 것만은 못하다.

다시 말과 뜻을 비교했을 때, 말은 말단이 되고 뜻은 본질이 된다. 이는 수십 통의 전화를 주고받더라도 직접 만나 서로의 애틋함을 느끼는 것만은 못함과 같다. 하지만 그렇게 서로 마주한 채 자신의 애틋함을 전달하려 해도 상대방의 마음을 마치 내 마음처럼 온전히 느낄 수는 없다.

글로는 말을 다할 수 없고 말로는 뜻을 다할 수 없다. 그래서 이 사실을 아는 사람은 상대방의 뜻을 알아차리는 데 집중할 뿐, 자신의 뜻이 상대방에게 글이나 말로 오롯이 전달되기를 바라지 않는다. 하지만 이 사실을 모르는 사람은 자신의 뜻을 글이나 말로 오롯이 전달하고자 헛되이 힘쓸 뿐, 상대방의 뜻을 알고자 하지는 않는다. 그래서 노자는 《도덕경》에서 "아는 사람은 말하지 않고 말하는 사람은 알지 못한다"[22] 라고 하였다.

《장자》에는 제나라 환공과 바퀴를 깎는 사람인 윤편의 대화가 실려 있다. 제환공이 마루 위에서 글을 읽고 있었다. 그때 윤편은 뜰에서 수레바퀴를 깎고 있었다. 윤편이 망치와 끌을 놓고 올라와 제환공에게 물었다.

"지금 임금께서 읽고 계신 것에 어떤 말이 쓰여 있는지 감히 묻고 싶습니다." 환공이 대답했다. "성인의 말씀이다." 윤편이 다시 물었다. "성인은 살아 계신 분입니까?" 환공이 답했다. "이미 돌아가신 분들이다." 윤편이 말했다. "그렇다면 지금 임금께서 읽고 계신 것은 옛 사람의 찌꺼기에 불과하군요." 환공이 답했다. "내가 책을 읽고 있는데 수레바퀴나 깎는 네가 무슨 의견을 낼 수 있단 말인가? 네 말에 근거가 있다면 괜찮겠으나 근거가 없다면 죽여 버릴 것이다." 윤편이 말했다. "저는 제가 하고 있는 일로써 그 일도 살펴본 것뿐입니다." 윤편이 말을 이어 갔다.

"수레바퀴를 깎을 때 엉성하게 깎으면 느슨하고 헐렁해져서 견고하지 않고 꼭 끼게 깎으면 빈틈이 없이 빠듯해서 들어맞질 않습니다. 엉성하지도 않고 꼭 끼지도 않게 하는 것은 손의 감각이 마음에 호응하여 이뤄지는 것이지 입으로 설명할 수 없는 것입니다. 그 틈에서도 규칙이 있기는 합니다만 저는 그것을 제 아들에게 가르쳐 줄 수 없고 제 아들도 그것을 제게서 배울 수 없습니다. 그래서 저는 나이 칠십의 노인이 되도록 수레바퀴를 깎게 된 것입니다."[23]

———— 《장자》〈천도〉

중독자들과 대화를 나누다 보면 다시는 술, 담배, 도박에 손대지 않겠다는 자신의 다짐을 빼곡히 적어 오는 분들이 있다. 어떤 이들은 같은 다짐을 마치 연설을 하듯 힘주어 말하기도 한다. 그러다 며칠 지나지 않아 결국 참지 못하고 다시 손을 대고 말았다는 말을 듣게 될 때마다 나는 그들에게 질문을 던진다.

"당신은 산앵두나무 꽃을 진정으로 사모하는 것이 맞나요?"

그러면 그들은 이렇게 대답하는 경우가 많다.

"어쩌면 제 삶에서 산앵두나무 꽃은 탈중독에 대한 간절함이 아니라 중독되어 있는 무언가를 향한 강한 욕망인지도 모르겠어요."

가끔은 이렇게 되묻는 이들도 있다.

"선생님은 어떻게 이 지긋지긋한 중독에서 벗어날 수 있었나요?"

그럴 때마다 나는 할 말이 없어 미소로 대답을 대신하며 윤편의 마음을 되새긴다. 윤편이 자신의 아들에게도 전달할 수 없었던 마음의 깨달음과 뜻을 나라고 그들에게 전달할 수 있을 리 없기 때문이다.

글은 손끝에서 나오고 말은 입에서 나오며 뜻은 마음에서 나온다. 정성스러운 뜻 앞에서 유창한 말은 무력하며, 간절한 말 앞에서 유려한 글은 무력하다. 그러므로 무기력할 땐 말이나 글로 대화를 나누는 것도 좋지만 가끔은 수레바퀴를 깎는 윤편처럼 나의 마음에 주목해 보는 것도 좋다. 내 마음의 느낌과 뜻은 오직 나 자신만이 알 수 있기 때문이다.

삶, 특히 관계에서의 본질은 글과 말이 아니라 마음에 있다. 나 자신과의 관계가 좋아야 남들과의 관계도 좋을 수 있다. 나와 꼭 같은 마음을 가진 사람은 세상에 나 자신 하나뿐이다. 마음이 비슷하더라도 결코 말은 같을 수 없으며 말이 비슷하더라도 결코 글은 같을 수 없다. 하루쯤은 오롯이 내 마음의 뜻에 집중해 보자. 실타래처럼 엉켜 있던 관계들이 신비롭게 풀어지는 기회를 마다할 이유가 없다.

火　曜　日

2장

늘 어 지 는

화　요　일

·

"스트레스를 다스려야 할 때"

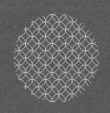

꼭 그래야 한다는
마음 비우기

　당위적인 신념을 갖고 살아가는 사람들이 있다. 당위적인 신념
이란 '여자는 이래야 돼', '남자는 이래야 돼', '애들은 그러면 안 돼'
처럼 무조건적인 굳은 믿음을 말한다. 삶에서 나침반 역할을 한다
는 점에서 신념이 꼭 나쁘지만은 않지만 '무조건' 그래야 한다거나
'절대로' 그래선 안 된다는 식의 믿음은 때때로 위험하다. 조화와
질서를 해칠 수 있기 때문이다.

　세상에 아무것도 믿지 않는 사람은 없고 모든 것을 믿는 사람도
없다. 같은 믿음처럼 보이더라도 서로 전혀 다른 것을 믿는 경우도
있으며, 다른 것을 믿는 것처럼 보이더라도 꽤 비슷한 것을 믿는 경
우도 많다. 진리는 모든 사람이 뭔가를 믿거나 의심하며 살아간다
는 것이다.

나의 믿음을 귀하게 여기는 마음만큼이나 아름다운 것은 나의 믿음만 옳다고 고집하지 않는 열린 마음이다. 그리고 내가 믿지 않는 것으로부터 나를 지키려는 마음만큼이나 중요한 것은 남에게 나의 믿음을 강요하지 않을 수 있는 겸손한 마음이다.

매사에 조급해하지 않는 삶의 태도

언젠가 들었던 신념과 관련된 이야기가 떠오른다. 규칙을 몹시 중요하게 생각하는 상사가 있었다. 그는 규칙을 지키지 않는 조직원들 때문에 괴로워하고 있었다.

"9시면 업무가 시작돼요. 이것이 규칙이지요. 그런데 꼭 5분, 10분씩 늦게 오는 사람들이 있어요. 하루는 창밖을 내다보니 직원들이 삼삼오오 모여 담배를 피우고 있더라고요. 그다음부터 9시만 되면 시계와 빈자리를 번갈아 보는 습관이 생겼어요. 한마디 하자니 쪼잔한 사람이 될 것 같고, 가만히 두자니 전체 분위기에 나쁜 영향을 끼칠까 봐 걱정이 됩니다."

이 문제로 그 자리에 있던 모두가 머리를 맞댄 채 고민에 빠졌다. 이윽고 한 사람이 입을 열었다.

"사람들이 규칙을 지키지 않아서 오는 불편함과 9시가 넘었는데도 빈자리가 있다는 데서 오는 불편함 중 어느 것이 더 큰가요?"

잠시 생각에 잠긴 그는 이렇게 대답했다.

"빈자리가 주는 불편함이 더 큰 것 같아요."

공자께서 말씀하셨다.
"군자가 세상에서 살아가는 모습은 꼭 그래야만 된다는 것도 없고
그러면 절대 안 된다는 것도 없다. 그때그때 알맞은 도리 편에 서
고 알맞은 도리에 따른다."[24]

——————— 《논어》〈이인〉

성인은 꼭 그러한 것도 꼭 그렇다고 고집하지 않는다. 그래서 무
력에 의존하는 일이 없다. 보통 사람은 꼭 그렇지 않은 것도 꼭 그
렇다고 고집한다. 그래서 흔히 무력으로 문제를 해결하려 든다.[25]

——————— 《장자》〈열어구〉

공자와 장자는 세상을 내게 맞추는 대신 나를 세상에 맞추는 지
혜를 소개한다. 동양에서 성인군자聖人君子란 대인大人과 같은 말이
다. 대인이란 큰 사람을 뜻한다. 공자와 장자가 말하는 큰 사람의
기준은 체구가 아니라 마음에 있다. 넓은 마음씨를 가진 사람은 큰
사람이며 좁은 마음씨를 가진 사람은 작은 사람이다.

넓은 마음씨란 여유 있는 마음가짐을 말하며 좁은 마음씨란 급
급한 마음가짐을 말한다. 여유 있는 마음은 남들이 나를 쫓아 살도
록 만들지만 급급한 마음은 내가 남들을 쫓아 살도록 만든다. 장자
는 '미삭삭연야未數數然也'라 하여 매사에 조급해지지 않는 삶의 태

도야말로 행복의 지름길이라고 하였다.

조급한 생각이 들도록 부채질하는 것이 있으니 바로 고집이다. 물론 모든 고집이 다 나쁜 것은 아니다. 고집에도 좋은 고집이 있고 나쁜 고집이 있다. 좋은 고집을 의지라 하고 나쁜 고집을 억지라 한다. 의지란 나를 극복하는 데 열중하는 것이다. 억지란 남을 이기는 데 집중하는 것이다. 억지 고집을 덜어 내고자 하는 의지가 생기면 자연스레 따라오는 것이 융통성이다.

융통성은 '귀에 걸면 귀걸이 코에 걸면 코걸이' 식 사고와 다르다. 나에게 이득이 되면 귀걸이를 코걸이로, 코걸이를 귀걸이로 둔갑시키는 부류를 흔히 회색분자라고 말한다. 하지만 융통성의 본질은 내게 이득이 되느냐 그렇지 않느냐에 있지 않다. 나를 이겨 낼 것인가 남을 이겨 낼 것인가에 있다.

장자는 고집만 부릴 줄 알지 융통성은 모르는 사람이 겪는 문제를 지적한다. 무력의 동원 유무가 그것이다. 고집만 있고 융통성이 없는 사람은 결국 힘의 원리에 의존할 수밖에 없다. 그러나 중요한 것은 힘이란 절대적이지도 영원하지도 않다는 사실이다.

순자는 "마음이 모습의 주인이다"[26]라고 말했다. 억지스러운 고집은 힘으로 찍어 누르면 그만이라는 사고로 발전할 가능성이 높다. 그래서 노자는 이렇게 말했다.

"자신이 강하다는 것을 알면서도 약한 입장을 지키면 사람들이 계곡에 물이 모이듯 몰려든다. 자신이 결백하다는 것을 알면서도 욕된 것 같은 입장을 지키면 사람들이 계곡으로 물이 흐르듯 따르게 된다."[27]

좋은 분위기란 강제하지 않는 여유로움에서 나오는 것이 아닐까. 이처럼 급급하지 않은 분위기에서 일하는 사람은 자발적으로 최선을 다할 수 있다.

가장 깨기 어려운 '나'라는 고정관념

규칙은 많은 사람들이 최대한 효율적으로 일하기 위해 필요하다. 그래서 규칙은 늘 공리주의적인 성격을 띤다. 공리주의의 기본 전제는 '최대 다수의 최대 행복'이다. 중요한 것은 시간이 지남에 따라 다수가 소수가 되기도 하고 최대 행복이 더는 최대 행복이 아니게 되기도 한다는 것이다. 결국 규칙이란 영원히 지켜야 할 무언가가 아니라 모두가 힘을 합쳐 더 많은 사람이 행복할 수 있는 방법을 발견해 가는 과정이다.

앞서 규칙을 몹시 중요시했던 상사는 다수가 행복해질 수 있는 방법을 고민했다. 그리고 이런 결론을 내렸다.

"전 담배를 피우지는 않지만 내일은 담배를 피우는 자리에 슬쩍 한번 가 보려고요. 무슨 이야기를 그렇게 재밌게 나누는지 나도 좀 끼워 달라며 장난이라도 건네면서요. 이렇게 바람을 쐬니 잠도 깨고 여유롭게 업무를 시작할 수 있어 좋다는 이야기를 진심으로 전하고 싶어요."

융통성이란 그때그때 알맞은 도리 편에 서고 알맞은 도리를 따르는 삶의 지혜를 말한다. 융통성은 나와 남 모두를 자발적이고 능동적으로 만든다. 하지만 고집은 나와 남 모두를 수동적이며 강제적인 존재로 전락시킨다.

꼭 그래야 되거나 절대로 그래선 안 된다는 억지스러운 고집과 당위적인 신념 대신 다른 사람의 마음과 상황을 살필 수 있는 여유와 융통성을 잊지 않을 수 있다면 어떨까. 한없이 늘어지는 하루가 조금은 덜 피로해질지도 모른다. 공자는 "함께 따라 주는 것이 곧 바름이다"[28]라고 말했다. 고집의 다른 말은 고정관념이며 가장 깨기 어려운 고정관념은 다름 아닌 나 자신이다. 나라는 고정관념을 깨는 것. 큰 사람의 길은 이로부터 열릴 수 있다.

두루두루 어울리되
비교하지 말 것

'술부심'이라는 신조어가 생겼다. 술과 자부심의 합성어로 '술에 대한 자부심'을 뜻하는 말이다. 내게도 술부심이 있었다. 20대 초반, 알코올 중독이 절정에 이르렀을 때다.

당시의 나는 친구들과 술자리를 가지다 '아무개가 술을 잘 마시더라'는 이야기가 나오면 다짜고짜 전화를 걸어 '한번 진하게 대작을 해 보자'고 하였다. 그중에는 일면식조차 없던 이도 많았다. 그렇게 술 잘 마시는 아무개와 만나면 통성명도 건성으로 한 채 맥주잔에 소주를 따라 마셨다. 그러다 취기가 돌면 메뉴에도 없는 수박을 통째로 주문하겠다며 생떼를 부리고는 수박을 반으로 쩍 갈라 술잔 삼아 주거니 받거니 하였다. 술로 정신을 잃는 날이 늘어났고 나중엔 술만 마셨다 하면 기억을 잃고 쓰러지기 일쑤였다.

나의 뒤치다꺼리에 지친 친구들은 하나둘씩 떠나갔다. 어쩌다 새로 알게 된 사람들과 술자리를 갖게 되면 그들은 입을 모아 이렇게 말했다.

"다른 건 몰라도 앞으로 같이 술 마시는 일은 없도록 합시다."

술만 있으면 누구와도 두루두루 잘 어울릴 수 있으리라고 확신했지만 현실은 그렇지 않았다. 점차로 나는 누구와도 어울리지 못하는 사람이 되어 갔다.

중독자 시절의 나를 다시금 돌아본다. 그곳엔 많은 이들의 경고를 무시한 채 오직 남을 이기려는 데 삶의 목적을 두었던, 집착과 비교로 똘똘 뭉친 내가 있었다. 다른 걸로는 이길 자신이 없으니 술로라도 이겨 보고자 끊임없이 남과 비교하며 살았던 것이다.

삶에는 끝이 있지만 앎에는 끝이 없다

《장자》에는 단골손님으로 등장하는 인물이 있으니 그가 바로 혜시[29]다. 혜시와 장자는 사상적으로 노선을 달리했지만 서로 마음을 터놓고 교유한 사이였다고 전해진다. 《장자》의 마지막 편 〈천하〉에는 혜시에 대한 평가가 실려 있다. 장자 본인의 평가라기보다는 장자가 속한 도가道家의 관점에서 혜시와 맥을 같이한 명가名家의 학설을 비판한 내용으로 보는 것이 더 적절하다. 여기서 혜시는 '사람들에 반대하고 남을 이겨 내려 한' 인물로 묘사된다.

사람들에 반대하는 것을 목표로 삼고 남을 이겨 내는 것으로써 명성을 쌓으려 하였다. 그래서 여러 사람과 화합할 수 없었던 것이다. 하늘과 땅의 도로부터 혜시의 능력을 본다면 그것은 마치 한 마리의 모기나 한 마리의 등에가 수고하는 것과 같은 일이다. 이는 메아리를 멈추려고 소리를 지르는 것이나 몸과 그림자를 경주시키는 것과 같은 일이니 슬프도다.[30]

——————— 《장자》〈천하〉

혜시의 지식은 남들을 반대하기에 충분했고 혜시의 웅변은 그들을 이기기에 부족함이 없었다. 하지만 혜시는 끊임없이 명성을 쌓는 일에만 치중했다. 장자는 세상 모두에게는 저마다의 입장이 있고 그 입장은 옳고 그름을 떠나 각자에게 소중하다는 것을 혜시가 간과했다고 지적한다.

때로는 줏대 없이 부화뇌동하는 것보다 그런 것은 그렇고 아닌 것은 아니라고 명확하게 말해야 하는 순간도 분명히 있다. 경쟁을 피할 수 없는 현대사회에서 남을 이기는 것이 문제가 되느냐고, 지는 것보다 이기는 게 낫지 않느냐고 반문할 수도 있다. 하지만 장자는 경쟁적인 가치만을 삶의 목표로 삼으면 사람들과 화합할 수 없는 문제가 생긴다고 경고한다.

옳고 그름은 상대적인 것이다. 이쪽에서 몹시 옳다고 하는 주장이 저쪽에서 보면 몹시 틀리고, 이쪽에서 몹시 틀렸다고 하는 주장이 저쪽에서 보면 몹시 옳게 여겨지는 경우도 있다. 상대방이 틀렸다는 생각 속에는 내가 옳다는 믿음이 들어 있다. 질서 정연한 논리로 조목조목 따져서 나의 옳음을 입증한다면 상대방은 할 말을 잃게 될 것이다. 또 주변에서는 내가 상대방을 이겼다고 말할 것이다. 하지만 그 사람은 겉으로는 물러나도 마음으로는 승복하지 않을 것이다. 또 주변 사람들은 나와 말 섞기를 꺼려 할 것이다.

우리의 삶에는 끝이 있으나 앎에는 끝이 없다. 끝이 있는 것으로 끝이 없는 것을 뒤쫓음은 위태로운 일이다.[31]

───── 《장자》〈양생주〉

누군가 평생에 걸쳐 지식을 쌓는 일에 매진하더라도 한 사람이 얻을 수 있는 지식은 극히 제한적이다. 그럼에도 많은 사람이 지식을 쌓고자 노력한다. 그 목적은 대개 옳고 그름을 명확하게 분별해 남을 이기려는 데 있다. 장자는 이처럼 끝이 없는 세상에서 고군분투하는 이들을 바라보며 이렇게 말한다.

"이는 세상의 관점에서 보면 마치 한 마리 모기나 한 마리 등에가 열심히 수고하는 것과 같다. 메아리를 잡겠다고 소리를 지르거나 그림자를 잡겠다고 뛰는 것은 현명하지 못한 처사다."

메아리는 소리를 멈춰야 그치고 그림자는 내가 멈춰야 움직이지 않는다. 아무리 고군분투하더라도 결국 세상의 모든 지식을 섭렵할 수 없음을 인정할 수 있는 사람만이 진정으로 현명한 사람이라고 할 수 있다.

세상과 조화를 이루는 일의 이로움

공자께서 말씀하셨다. "군자는 두루두루 어울리며 비교하지 않는다. 소인은 비교만 할 뿐 두루두루 어울리지 못한다."[32]

——————————— 《논어》〈위정〉

메아리를 그치기 위해선 소리를 멈춰야 하고 그림자를 바로 보기 위해선 움직임을 멈춰야 하듯이 두루두루 어울리기 위해선 비교를 멈춰야 한다. 비교도 세상의 지식처럼 끝이 없는 것이다. 남과 나를 비교하며 삶의 의미를 찾는 사람은 자신을 해치고 불행한 처지에 놓여 늘 위태로울 수밖에 없다.

10년 넘게 알코올 중독자로 산 전력 덕분에 술로 고생하는 사람을 만나면 자연스럽게 공감이 되었다. 하지만 약물이나 도박처럼 내가 경험해 보지 못한 것에 중독된 사람을 만날 때면 어떻게 대화를 해야 할지 어려웠다. 한때 유행했던 "니들이 게 맛을 알어?"라는 광고 대사처럼 '당신이 해 봤느냐?'는 식의 물음을 받으면 어쩔 수 없이 작아지는 느낌을 받는다. 이런 위축감은 약물 중독자를 만날 때 극에 달한다.

"선생님이 마약을 알기는 해요? 책으로 배운 그런 것 말고요. 마약은 술하고 완전히 다른데."

나는 누군가 이런 질문을 던지면 할 말을 잃는다. 암에 걸려야만 암 전문가가 되는 것은 아니지만 암에 걸린 사람의 아픔은 암에 걸려 본 사람만이 알 수 있기 때문이다.

많은 사람이 입을 모아 잘못됐다고 하는 게 꼭 틀린 것만은 아닐 수도 있다. 많은 사람이 좋다고 하는 게 꼭 옳다고도 할 수 없다. 하지만 옳고 그름보다 중요한 건 세상과 조화를 이루는 일이다. 세상이란 서로 다른 너와 내가 모여 함께 살아가는 공간이기 때문이다.

중독자들에게는 자신의 삶을 불행하게 여긴다는 공통점이 있다. 알코올 중독자로 살았던 과거의 나도 그랬다. 약물과 도박 중독뿐 아니라 돈과 명예, 권력과 지식에 집착하는 이들도 마찬가지다. 과도한 집착과 비교는 삶을 위태롭게 만든다. 집착이 각종 정신장애로 발전할 수 있다는 사실은 이미 과학적으로도 입증되었다. 우리는 매사 비교하지 못해 안달 난 사람을 '비교병 환자'라고 부른다. 이들이 '비교병'을 앓는 원인은 세상과 조화를 이루지 못하는 데 있다. 사상의학을 창시한 동무 이제마는 이렇게 말했다.

"세상의 모든 병은 현명한 사람을 시샘하고 능력 있는 사람을 질투하는 것에서 나온다. 세상의 모든 약은 현명한 사람을 좋아하고 선한 일을 즐기는 것에서 나온다. 그러므로 현명한 사람을 시샘하고 능력 있는 사람을 질투함은 만병의 근원이며 현명한 사람을 좋아하고 선한 일을 즐김은 세상에 제일가는 약이라 한다."[33]

집착은 시샘을 낳고 비교는 질투를 낳는다. 몸도 마음도 피로했던 과거의 나에게 지금의 내가 묻는다. 만약 그때 남들이 입을 모아 반대하는 것에 집착하고 무작정 남들을 이기려고 하지 않았더라면,

그 대신 세상과 조화를 이루려고 했다면 어땠을까. 어쩌면 하루라
도 빨리 중독에서 벗어나 새로운 하루하루를 보내고 있었을지도 모
른다.

그냥 그렇게 되는 일도 있다

아내가 아이를 가진 지 반년쯤 지났을 때였다. 첫 아이라 모든 게 생소했다. 하루는 초음파를 보기 위해 병원에 방문했다. 예상보다 시간이 오래 걸렸다. 불길한 예감이 엄습했다. 초음파를 본 의사 선생님이 고개를 갸우뚱하며 이렇게 말했다.

"원래 지금쯤이면 머리에 보여야 될 기관들이 보이질 않네요."

진행할 수 있는 검사는 하나도 빠짐없이 다 해 보고자 몇 주 동안 병원을 오갔다. 하지만 태아의 머릿속은 내내 비어 있었다. 의사 선생님의 눈이 왠지 이렇게 말하고 있는 것 같았다. '두 분이 상의를 잘 해 보셔야 할 것 같습니다.' 간절한 마음으로 가장 정밀한 초음파를 보았건만 여전히 보여야 할 것은 보이지 않았다. 그때의 상실감이란 지금도 말로 다 표현하기 어렵다.

집으로 돌아오는 차 안에서 아내와 나는 서로 아무 말도 하지 않았다. 속으로는 별의별 생각이 다 들었다. '내가 못되게 살아서 벌을 받나. 담배를 일찍 피워서 그런가. 술을 너무 많이 마셨기 때문인가.' 모든 게 나의 잘못 같았다.

집에 거의 도착했을 때였다. 아내가 나지막이 입을 열었다. "낳아야 될까?" 순간 간신히 붙들고 있던 이성의 끈이 탁 하며 끊어지는 느낌이 들었다. 결혼하고 처음으로 아내에게 고함을 질렀다. "지금 그걸 말이라고 해?" 아내 입장에서 할 수 있는 말이었음에도 불같이 화가 났다. 계속 운전대를 잡고 있다간 사고를 면치 못할 것 같아 차를 갓길에 세웠다. 몇 번 심호흡을 하고 다시 차에 올랐다. 아내는 흐르는 눈물을 닦을 생각도 없이 울고 있었다.

나는 가까스로 입을 열어 한 신부님의 강론에서 들었던 이야기를 아내에게 들려주었다. 이야기는 이렇다. 월남전에 참전한 미군 병사가 전쟁이 끝나고 어머니에게 전화를 걸어 이렇게 말했다.

"엄마, 저예요. 전쟁이 끝나서 이제 집으로 돌아가려고 하는데 친구를 한 명 데려가고 싶어요. 이 친구 사정이 참 딱하게 돼서요. 전쟁에서 팔다리를 잃었는데 우리가 이 친구를 돌보며 함께 살면 어떨까 싶어요. 가족들과 한번 상의해 보세요."

며칠 후 이 병사는 어머니에게 다시 전화를 걸어 상의를 해 보았는지 물었다. 그러자 어머니는 이렇게 대답했다.

"그래, 아들아. 네 얘기를 듣고 충분히 상의해 봤는데 우리 형편에 아무래도 그 친구까지 돌보기는 좀 어려울 것 같구나. 그 친구를 돌봐 줄 시설이나 다른 사람을 알아보는 건 어떨까?"

"네, 알겠어요."

아들은 짧은 대답과 함께 전화를 끊었다. 얼마 후 아들은 가족의 품으로 돌아왔다. 하지만 그는 이미 세상을 떠난 후였다. 스스로 목숨을 끊은 것이다. 가족들은 그의 모습을 보고 깜짝 놀라며 오열했다. 아들의 몸에 팔다리가 붙어 있지 않았기 때문이다. 아들이 함께 살 수 있겠느냐고 물어보았던 그 친구는 다름 아닌 자기 자신이었다. 이야기를 마치고 나는 아내에게 말했다.

"우리가 이 병사의 부모 같은 심정을 느끼는 일만은 없었으면 좋겠어. 건강하게 태어났지만 살다가 장애를 갖게 될 수도 있어. 그렇다고 그 아이가 우리 아이가 아닐 수는 없잖아. 내 자식이 머리를 다쳤다고, 장애를 가지게 됐다고 해서 '버려야 될까?' 하고 묻는 부모는 없다고 생각해. 누가 뭐래도 당신과 나에게 온 아이야."

아내는 배를 쓰다듬으며 '엄마가 미안해'라는 말만 반복했다.

그로부터 얼마 지나지 않아 아이의 머리에서 보이지 않던 기관들이 하나둘 모습을 드러냈다. 세상에서 가장 기뻤던 순간이었다. 이 아이가 지금은 벌써 걸음마를 시작했다. 다행하고 감사한 일이다.

살다 보면 무슨 수를 쓰더라도 어찌해 볼 수 없는, 그저 눈을 감고 간절히 빌며 기적을 바랄 수밖에 없는 일들을 맞닥뜨릴 때가 있다. 무슨 이유에선지 또 누구의 책임인지조차 알 수 없기에 더욱 괴롭고 답답하다. 이럴 때 동양의 철학자들은 '어찌할 수 없는 일은 그대로 둔다'는 마음을 강조했다.

형제가 없다며 슬퍼하지 말라

송나라 사람으로 알려진 사마우에게는 여러 형제가 있었다. 사
마우의 형 사마환퇴는 송나라 임금에 대항해 반란을 일으켰으나 실
패했다. 결국 사마환퇴는 위나라로 도망갔다. 목숨의 위협을 느낀
사마우의 다른 형제들도 여러 나라로 뿔뿔이 흩어졌다.[34] 이러한 상
황에서 사마우가 자나 깨나 형제들의 안위를 걱정했음은 당연지사
다. 《논어》에는 사마우가 자신과 함께 동문수학했던 자하와 나눈
이야기가 실려 있다.

사마우가 걱정하며 말했다.
"남들은 다 형제가 있는데 내게만 없구나."
자하가 말했다.
"내가 듣기로 '죽고 사는 것은 명에 달려 있고 부귀는 하늘에 달려
있다' 하였다. 군자가 경건한 마음을 가져서 실책이 없고 남과 함
께 있을 때 공손하고 예가 있다면 사해 안이 다 형제다. 군자가 어
찌 형제 없음을 걱정하겠는가."[35]

——————— 《논어》〈안연〉

명命이란 쉽게 말해 이유를 알 수도 없고 누구의 탓인지도 알 수
없지만 그냥 그렇게 되도록 되어진 일이다. 그 대표적인 사건이 삶
과 죽음이다. 우리말에 '작은 부자는 노력이 만들고 큰 부자는 하늘

이 만든다'고 하였다. 많은 재산과 높은 지위는 개인의 노력과 의지에만 달려 있지 않다. 사람이 부귀해지는 과정에는 알 수 없는 힘의 작용도 분명히 존재한다.

'경건함'을 뜻하는 한자 경敬은 '진실하다'는 의미의 구苟와 '채찍질하다'라는 의미의 복攵이 결합된 글자다. 그러므로 경건함이란 마치 채찍을 들고 감시하는 누군가가 있듯이 '진실로 삼가고 조심한다'는 뜻이다. 진실로 삼가고 조심하는 사람의 삶에는 자연스레 허물도 적어진다. '공손함'을 뜻하는 공恭은 함께하는共 마음心이라는 의미다. 예禮란 '나도 주인공이고 너도 주인공'의 마음이다. 이로써 자하의 말을 재해석하면 다음과 같다.

"진실로 삼가고 조심해서 잘못이 없고자 노력하는 사람, 나도 주인공 너도 주인공의 마음으로 더불어 살고자 노력하는 사람. 이런 사람에게는 세상 모두가 형제다. 그러니 형제가 없다며 슬퍼하지 말라. 같은 배 속에서 나와 피를 나눠야만 형제가 아니다. 경건한 마음과 공손한 마음, 그리고 예를 실천하는 사람의 삶에서는 세상 모두와 형제처럼 지낼 수 있다. 어찌할 수 없는 일로 근심하기보다는 온 힘을 다해 경과 공, 그리고 예를 실천하고자 노력하는 편이 낫지 않겠는가? 어쩌면 여기 나부터가 당신의 또 다른 형제일지 모른다. 경, 공, 예에 힘을 쏟는 사람에게는 점차로 많은 형제가 생기게 될 것이다."

어쩌면 자하의 말은 세상에서 형제를 잃어버렸다는 생각으로 외톨이가 된 듯한 상실감에 사로잡힌 사마우를 위로하기 위한 한마디

였을지도 모른다.

권한이 없다면 손을 떼라

《장자》의 〈양생주〉에는 이런 대목이 실려 있다.

"때마침 세상에 온 것은 그가 태어날 때가 되었기 때문이다. 때마침 세상을 떠난 것은 그가 물러날 때가 되었기 때문이다. 태어나는 때를 편안히 맞이하고 물러날 때를 편안히 따른다면 슬픔이나 즐거움은 끼어들 수 없는 것이다. 옛날에는 이를 일러 '꼭지에 거꾸로 매달렸다가 풀려나는 것'이라고 하였다."[36]

——————— 《장자》〈양생주〉

나의 책임이 아닌 일에 나서는 것을 월권이라고 한다. 권한 밖의 일을 한다는 뜻이다. 사람의 책임이 아닌 일을 사람이 책임지려는 것이 월권이다. 오늘날에는 월권을 행사하며 지나치게 슬퍼하거나 즐거워하는 이가 많은 듯하다.

장자는 이러한 월권으로부터 스스로를 해방하는 일을 '현해縣解'라고 하였다. 현해란 꼭지에 거꾸로 아슬아슬하게 매달려 있던 꽃이 떨어져 자유롭게 나풀거리듯 '거꾸로 매달려 애쓰던 일에서 풀려남'을 의미한다. 그러므로 현해란 내 책임이 아닌 일들을 편안히 맞이하고 또 편안히 따르는 것이다. 현해의 경지에 노니는 사람은 자유롭고 편안하다. 삶이라는 가지에 거꾸로 매달린 스스로를 풀어 주는 것만으로도 마음의 평화는 도래할 수 있다.

> 참된 사람만이 참된 앎을 알게 된다. 참된 사람이란 어떤 사람인가? 참된 사람은 열세의 것을 무시하지도 않고 성공을 뽐내지도 않으며 억지로 일을 꾀하지도 않는다. 이런 사람은 잘못되는 일이 있어도 스스로 꾸짖지 않으며 잘된 일이 있어도 스스로 우쭐거리지 않는다.[37]
>
> ─────── 《장자》〈대종사〉

큰 부귀를 누리거나 죽고 사는 일 외에도 사람의 힘만으로는 어찌할 수 없는 일들이 있다. 장애를 갖고 태어나거나 장애를 갖게 되는 일, 세상에 쓰임을 받거나 받지 못하는 일 등이 그것이다. 장자는 분명히 말한다. 이러한 일들은 명命일 뿐이지 당신의 노력이나 의지가 부족했거나 당신이 무엇을 잘못했기 때문이 아니라고. 그저 때마침 그렇게 된 것일 뿐이라고. 이러한 의미에서 장자의 철학은 따스한 위로이자 침착한 격려다. 실제로 《장자》에 실린 〈대종사〉의 테마는 삶과 죽음이고 〈덕충부〉 속 우언에 등장하는 주인공들은 각종 장애를 가진 사람들이며 〈인간세〉의 주된 문제의식은 유용함과 무용함이다.

갓 태어난 아이를 품에 안은 아내의 첫마디는 '미안해'였다. 초면에 무엇이 미안하냐고 물으니 아내는 이렇게 말했다.

"그냥 엄마가 운동도 열심히 안 하고 매운 것도 많이 먹고, 그래서 아팠나 싶어서."

그날 집으로 돌아오는 차 안에서 아내도 나도 침묵할 수밖에 없었던 이유는 무엇이었을까. 어쩌면 '내 탓은 아닐까?' 싶은 마음에 서로 아무 말도 꺼낼 수 없었는지 모른다. 그러나 명命에는 책임의 소재가 없다. 만일 책임의 소재가 있다고 하더라도 그것은 사람에게 있지 않다. '하필 왜 내게 이런 일이 생겼는가?'에 대한 해답은 상당수 '알 수 없음'이다. 그저 그렇게 되었기 때문이다.

현명한 사람은
삶의 무게를 분산한다

가끔 잠이 오지 않을 땐 뒤척이다 말고 나의 학창 시절을 돌아보게 된다. 학창 시절에 나는 싸움꾼이었다. 돌이켜 생각해 보면 싸움을 해야 할 이유도 없었고 사실 그렇게 싸우고 싶지도 않았던 것 같다. 세상에 별 이유 없이 남을 해쳐 가며 마음의 평화를 느끼는 사람은 없으니 말이다.

최근 들어 사이코패스니 소시오패스니 하는 말이 유행처럼 번지고 있다. 나밖에 모르는 성향이 극단으로 치달으면 사이코패스가 되고, 사람을 도구화하려는 성향이 극에 달하면 소시오패스가 된다. 분명한 것은 이들의 마음은 평화로울 수 없다는 사실이다. 그러므로 마음의 불안과 혼란은 이들이 스스로에게 내린 저주인 셈이다.

반복된 싸움으로 깨달은 것

둘 이상의 사람들이 함께 모여 살아가는 곳엔 크고 작은 다툼이 있기 마련이다. 다툼을 미연에 방지하는 것도 중요하지만 이미 다툼이 일어났다면 그것을 해결하는 방법 역시 중요하다. 해결책을 많이 알고 있는 사람은 갈등에 유연하게 대처할 수 있지만 그렇지 못한 사람은 남과 나 모두에게 상처를 입힌다.

학창 시절의 나는 다툼을 맞닥뜨렸을 때 한 가지 해결책밖에 알지 못했다. 일단 무작정 치고받는 것이다. 요 근래 사람들이 '졌잘싸'라는 표현을 자주 사용하는 듯하다. 이는 '졌지만 잘 싸웠다'의 준말로, 결과도 중요하지만 과정도 살펴보려는 의지가 담긴 신조어다. 그러나 과거의 나에게는 통용될 수 없던 말이기도 하다. 앞뒤 재지 않고 치고받으면 승리는 늘 강자의 몫이 되고 만다. 이러면 싸움의 과정이 잘못됐더라도 무조건 이긴 사람이 정의로 군림하게 된다는 문제가 발생한다. 그리고 이긴 사람이 옳고 진 사람이 틀렸다는 의식이 팽배하게 된다. 나는 불나방이 불길로 뛰어들 듯 싸움만 났다 하면 여기저기 들쑤시고 다녔다. 이겼을 땐 강자인 내가 정의였지만 졌을 땐 약자인 내가 불의가 되었다.

처음 만신창이가 되어 병원에 누워 있을 땐 이런 생각이 들었다.

'그래도 나니까 이 정도로 끝날 수 있었다.'

하지만 같은 일이 두 번 세 번 반복되자 생각이 달라졌다.

'왜 하필 나에게만 이런 아픔과 고통이 찾아오는가?'

그러자 깨닫게 되었다. 문제는 '내가 아니면 안 된다'는 생각에 있었다. 이것을 다른 말로는 '교만'이라고 한다. 특출한 내가 나서야 지만 해결된다는 착각 때문에 생사의 고비를 몇 번이나 넘나들었는지 모른다.

중용을 지키는 네 가지 기술

공자께서는 네 가지를 끊으셨으니 사사로운 의견이 없으셨으며, 반드시 해야 된다는 것이 없으셨으며, 고집함이 없으셨으며, 내가 아니면 안 된다는 것이 없으셨다.[38]

──── 《논어》〈자한〉

일찍이 공자는 다음의 네 가지를 끊으라고 조언한다.

첫째는 사사로운 의견이다. 사厶는 팔이 안으로 굽은 모양을 표현한 글자다. '팔은 안으로 굽는다'는 법칙이 가장 먼저 적용되는 대상은 다름 아닌 나 자신이다. 그래서 사사로움이 없도록 노력할 수는 있지만 사사로움을 아주 없앨 수는 없다. 사사로움이 없다는 것은 나 자신이 없다는 것과 같은 말이기 때문이다. 그러므로 중요한 것은 사사로움을 내세우지 않는 것이다.

'의견'에서 의意는 소리音와 마음心이 결합된 글자다. 사사로운 마음이 드는 것은 자연스러운 일이다. 하지만 사사로운 마음이 목소리를 내면 관계의 균형은 깨질 수밖에 없다. 사사로운 마음의 소리가 볼륨을 높일수록 내 입지는 점차 좁아지게 된다.

둘째는 반드시 해야 된다는 생각이다. 곰곰이 생각해 보면 세상에 반드시 그래야 하거나 그러지 말아야 하는 건 없다. 이는 일종의 강박적 사고다. 강박적 사고는 경미한 수준일 땐 비교적 큰 문제가 없는 '강박증'으로 치부되지만 심각한 경우엔 '강박장애'가 된다. 강박장애의 특징은 남들이 나처럼 하지 않을 때 불편을 느낀다는 것이다. 그러므로 공자가 말하는 '반드시 해야 된다는 생각'은 다른 말로 하면 '반드시 나처럼 해야 된다는 생각'과 같다.

목적지가 같아도 향하는 길은 다를 수 있다. 한 가지 길밖에 모르는 사람은 그 길이 막혔을 때 당황하거나 좌절한다. 하지만 여러 가지 루트를 아는 사람은 이 길이 막히면 다른 길을 찾아보고 여차하면 새로운 길을 개척하기도 한다. 지금은 눈 한번 깜짝할 사이에 새로운 길이 생기는 시대다. 이런 세상에서 반드시 그래야 한다거나 반드시 그러지 말아야 한다는 강박에 사로잡히면 점점 더 헤매게 되는 것은 당연한 수순일지도 모른다.

셋째는 고집이다. 고固는 오래된古 것들이 담벼락口에 갇혀 나오지 못하고 있는 모양을 본뜬 글자다. 고집에는 고집불통이 있고 고집상통이 있다. 빽빽하게 담장을 두르고 새것을 일절 받아들이지 않는다면 고집불통이 된다. 바람 한 점, 빛 한 줄기 들지 않는 벽창호 같은 고집은 스스로는 물론 그를 보는 남들까지 지치게 만들기 일쑤다. 반대로 담벼락만큼 크고 높은 문이지만 열어야 할 땐 열고 닫아야 할 땐 닫는 고집상통도 있다. 새 공기, 새 빛이 들어와 쾌적한 상태를 유지할 수 있기에 고집상통은 썩은 고인물 신세를 면할 수 있다.

사람은 누구나 일정 수준의 경계를 갖고 살아간다. 경계란 나와 세상 사이에 가로놓인 담벼락과 같다. 높고 좁은 경계를 가진 사람이 있는가 하면 낮고 넓은 경계를 가진 사람도 있다. 중요한 것은 통풍이 되느냐이다. 마치 내게만 고집이 있는 것처럼 말하고 행동하는 사람은 고집불통이란 낙인을 피하기 어렵다. 하지만 누구에게나 고집이 있다는 사실을 받아들이면 두 고집이 서로 통하는 고집상통을 경험할 수 있다.

넷째는 내가 아니면 안 될 것이란 생각이다. 내가 아니면 안 된다는 생각은 독단과 전행으로 이어지기 쉽다. 내가 아니면 안 된다는 마음에는 남들은 필요치 않다는 생각이 담겨 있다. 하지만 나 홀로 세상을 살아갈 수 있는 사람은 아무도 없다.

현명한 사람은 삶의 무게를 분산한다. 이들은 내가 없으면 남도 없고 남이 없으면 나도 없음을 알기에 여유가 있을 땐 남을 돌아보고 여유가 없을 땐 도움을 요청한다. 하지만 내가 아니면 안 된다는 생각에 매몰된 사람은 온 세상의 짐을 혼자 떠맡으려 한다. 그러다 외로움과 과로의 무게를 견디지 못하고 결국 자신을 잃어버린다.

공자가 끊었다고 알려진 네 가지를 한마디로 줄이면 '융통성'이 된다. 융통성은 일종의 균형 작용이며 동양철학에서는 중용의 좋은 방법론이기도 하다. 일과 삶에 '워라밸'이 필요하듯이 세상 모든 일에는 중용이 요구된다. 사사로운 의견을 함부로 표출하지 않을 것, 반드시 해야 된다는 생각으로부터 자유로울 것, 상통 가능한 고집을 부릴 것, 내가 아니면 안 되리라는 마음을 비울 것. 이는 공자가 소개하는 삶의 중용을 실천하기 위한 기술이라고 해도 과언이 아니다.

여러 계절이 있어야 한 해가 아름답다

장자는 조금 더 구체적으로 중용적 인간의 표상을 제시한다.

언덕과 산도 낮은 흙들이 쌓여서 높아진 것이고 강물도 여러 시냇물이 모여서 커진 것이다. 위대한 사람이란 모든 개인을 합쳐서 공을 이룬다. 그래서 어떤 의견이 제시되면 자기에게 다른 생각이 있더라도 자기 생각에만 집착하지 않는다. 자기가 제시한 의견이 올바르다 하더라도 남의 의견을 거부하지 않는다. 사철은 각기 기후가 다르지만 하늘은 한편에만 치우치지 않기 때문에 한 해가 이뤄지는 것이다.[39]

———————— 《장자》〈칙양〉

남들과 힘을 합쳐서 공을 이루는 사람이야말로 위대한 사람이다. 위대한 사람은 남의 의견을 들었을 때 나와 생각이 다르더라도 내 생각에만 집착하지 않는다. 봄, 여름, 가을, 겨울의 날씨는 제각기 다르지만 결국 한 해는 봄, 여름, 가을, 겨울이 합쳐서 이루어진다.

자사가 저술한 책으로 알려진 《중용》에서는 군자의 도를 "비유컨대 먼 길도 반드시 가까운 데서부터 시작해야 하며 높이 오르는 것도 반드시 낮은 데서부터 시작해야 한다"[40]라고 설명했다. 가까운 생각들이 모이면 먼 일을 도모할 수 있고 낮은 자세들이 모이면 높은 성과를 이룩할 수 있다. 얼토당토않아 보이는 생각이 먼 길을 단축시키기도 하고 터무니없어 보이는 사람이 전체를 높이 끌어올리기도 한다.

학창 시절의 나는 위대한 사람이 되고 싶었다. 하지만 무엇이 위대한 사람이고 위대한 사람은 어떻게 만들어지는가는 알지 못했다. 홀로 고군분투하며 독불장군 노릇을 하기 바빴던 당시의 나를 돌아보면 참으로 미안하고 또 애석하다. 세상의 모든 중용은 관계에서 시작된다는 사실을 이제는 알기 때문이다. 시간을 돌릴 수 있다면 과거의 내게 이렇게 말해 주고 싶다.

"스스로와의 관계가 좋은 사람은 자신의 삶에서 균형을 발생시키고 남들과 좋은 관계를 유지하는 사람은 세상의 균형에 이바지한단다. 그러니 부디 조금은 융통성을 가지렴."

군자는 먼저 자기 자신부터
소중히 여긴다

언젠가 라디오에서 들었던 재미난 이야기 하나가 떠오른다. 여행은 마음이 떨릴 때 떠나야 하는데 사람들은 보통 마음이 떨리는 시기에 돈이 없다는 것이다. 돈이 생길 나이가 되면 다리가 떨리기 시작하고, 다리가 떨릴 때 여행을 가다 보니 여행을 제대로 즐기기 어려워진다. 결론적으로, 돈이 좀 부족하더라도 내가 진정으로 즐길 수 있을 때 여행을 가는 게 좋겠다는 이야기였다.

"박수 칠 때 떠나라"라는 말이 있다. 전성기가 끝나기 전에 미련 없이 욕심을 그칠 줄 알아야 한다는 의미로 쓰이곤 한다. 이 말에는 사실 두 가지 뜻이 있다. 첫째는 남들이 박수를 쳐 줄 때 떠날 수 있어야 한다는 것이고, 둘째는 내가 박수를 칠 수 있을 때 떠나야 한다는 것이다.

여행을 떠나든 전성기를 끝내든 중요한 것은 하나다. '나'로 존재할 수 있어야 한다는 것이다. 이렇게 주체적으로 살아가기 위해서 먼저 점검해야 할 부분이 있다. 바로 지나친 욕심을 부리고 있진 않는가이다. 유학 오경의 하나인 《주역》[41]의 첫 번째 괘는 중천건重天乾이다. 이 괘에 속한 각 효의 뜻을 풀어서 쓴 효사에는 "지나치게 높이 올라간 용은 후회하게 되니 가득 찬 모양은 오래 지속될 수 없다"[42]는 내용이 실려 있다. 인간사를 용에 빗대어 지나친 욕심은 경계해야 함을 일깨우는 대목이다.

욕심의 특징 중 하나는 끝이 없다는 것이다. 간절히 하고 싶었던 일을 하게 되면 금세 또 다른 일이 하고 싶어지는 것이 사람의 마음이다. 그러나 끝이 없는 앎을 뒤쫓는 것은 위태롭다는 장자의 말처럼 유한한 생명을 가진 존재가 무한한 것을 추구하게 되면 스스로를 해칠 수밖에 없다.

"천상천하유아독존"
나를 지키는 진리의 말

불교 경전 《수행본기경》에는 붓다의 탄생에 얽힌 이야기가 있다. 마야 부인이 살나무 아래를 지나다가 꽃이 피고 샛별이 돋아날 때 나뭇가지를 붙잡았다. 그러자 오른쪽 겨드랑이에서 태자가 탄생하였다. 태자는 땅에 떨어지자마자 일곱 걸음을 걸어가 손을 들고

서 이렇게 말했다.

"하늘 위 하늘 아래 나 아님이 없으니 나는 존귀하다."[43]

이 대목은 천상천하유아독존天上天下唯我獨尊으로도 잘 알려져 있다. 온 세상에 내가 아닌 것이 없으며 그러한 자신이 귀하다는 붓다의 말에는 설령 많은 것을 가졌더라도 내가 없다면 이 세상은 아무런 가치가 없다는 진리가 담겨 있다.

나 자신을 소중히 여기라 강조하는 것은 모든 철학의 공통된 입장이다. 《대학》에는 이런 대목이 있다.

"군자는 먼저 자기에게 그것이 있은 다음에 남에게도 그것이 있기를 바라며 일단 자기에게 그것이 없고 난 뒤에 남을 나무란다."[44]

먼저 내가 행복한 뒤에 남의 행복을 진심으로 바랄 수 있고, 내게 불행이 없은 뒤에 남의 불행을 객관적으로 지적할 수 있는 것은 당연한 이치다. 남의 가슴에 박힌 대못보다 내 손톱 밑의 가시가 더 아픈 것은 이기적인 게 아니라 자연스러운 모습일 뿐이다.

보이는 것에 집중하는 사람은 삶의 기준이 남에게 맞춰져 있다. 하지만 잘 보이고 싶은 마음이 채울 수 없는 욕심이라는 사실을 아는 사람은 내 욕심을 덜어 내는 일에 힘쓴다. 끝없는 욕심에 사로잡힌 사람은 늘 불행하며 자주 타인을 불편하게 만든다. 그러므로 불행한 사람으로 가득한 세상은 불안정해진다. 반면 욕심을 비우고 만족할 줄 아는 사람은 스스로 행복하며 타인에게도 기쁨을 줄 수 있다. 이런 사람으로 가득한 세상은 편안해진다.

우울증은 천하도 마다하게 만든다

공자께서 말씀하셨다.
"해가 추워진 연후에야 소나무와 측백나무가 나중에 돋보인다는
것을 알 수 있다."[45]

——————— 《논어》〈자한〉

날이 추워진 뒤에야 소나무와 잣나무가 돋보이듯이, 내가 희미
해진 다음에야 내가 얼마나 소중한지를 알게 된다. 공자는 삶에서
정말 중요한 것이 무엇인지 질문한다. 추위는 어려운 고비와 시련
을 상징한다. 인생의 가장 큰 시련은 나를 잃었을 때 닥쳐온다. 나
로 태어나 나로 살아가는 사람은 무엇이든 해낼 수 있다는 희망이
있다. 하지만 세상을 다 얻어도 나를 잃으면 아무 소용이 없다.

순임금[46]이 천하를 자주지백에게 맡기려 하니 자주지백이 말했다.
"나는 마침 우울증에 걸려 있어서 그 병을 치료하고 있는 중이라
천하를 다스릴 틈이 없습니다."[47]

——————— 《장자》〈양왕〉

자화자가 말했다. "만일 어떤 서약문에 '왼손으로 이것을 잡는 사
람은 오른손이 없어지고 오른손으로 이것을 잡는 사람은 왼손이
없어지지만 어쨌든 이것을 잡는 사람은 반드시 온 세상을 차지하

게 될 것이다'라고 쓰여 있다면 아무도 감히 그 서약문을 잡으려 하지 않을 것이다. 이렇게 볼 때 두 팔은 온 세상보다도 더 중요한 것이다."[48]

——— 《장자》〈양왕〉

자주지백은 온 세상을 얻는 것보다 내가 우울하지 않은 것을 더 중요하게 여겼다. 위나라의 현인이었다고 전해지는 자화자 역시 세상을 차지하는 것보다 자신의 두 팔이 더 중요하다고 말한다. 이들이 천하를 마다한 까닭은 같다. 조건과 상황에 관계없이 있는 그대로의 나를 예뻐해 주고 사랑해 줄 수 있는 존재가 나 자신밖에 없음을 잘 알고 있었기 때문이다.

노나라에 숨어 살았다는 현인 안합은 "진실한 도로써 나를 돌보고 그 나머지로써 국가를 돌보고 그 찌꺼기로써 천하를 돌보는 것이다"[49]라고 말했다. 먼저 나를 돌볼 줄 아는 사람만이 남은 에너지로 조직과 공동체를 살리며 세상을 이롭게 한다. 하지만 세상을 변혁하겠다는 꿈을 꾸며 무턱대고 조직과 공동체에만 헌신하는 사람은 오래지 않아 나 자신을 잃어버린다.

나의 터럭 하나도 소중히 여기는 마음

양주는 장자와 비슷한 시대를 살았던 인물이다. 중국의 도가 경전인 《열자》에는 금자라는 인물과 양주, 그리고 양주의 제자인 맹손양의 대화가 실려 있다. 하루는 금자가 양주에게 물었다.

"당신의 몸에서 털 한 가닥을 뽑아서 온 세상을 도울 수 있다면 당신은 그렇게 하겠습니까?"[50]

양주는 금자의 물음에 대답하지 않았다. 금자가 양주에게 아무런 대답을 듣지 못하자 맹손양이 스승인 양주를 대변했다.

"당신은 아무래도 우리 선생님의 마음을 이해하지 못한 듯합니다. 제가 대신 말씀드리지요. 만일 당신의 살갗을 손상시켜서 많은 돈을 얻을 수 있다면 당신은 그렇게 하겠습니까?"[51]

금자는 그렇게 할 것이라고 대답했다. 맹손양이 다시 물었다.

"만일 당신의 몸 한 마디를 끊어 내서 한 나라를 얻을 수 있다면 당신은 그렇게 하겠습니까?"[52]

금자는 할 말을 잃고 가만히 있었다. 맹손양이 말했다.

"털 한 가닥은 살갗보다 작은 것이고 살갗은 몸 한 마디보다 작은 것입니다. 하지만 털 한 가닥이 모여서 살갗을 이루고 살갗이 모여서 몸 한 마디를 이룹니다. 털 한 가닥은 몸 전체로 보았을 때는 만 분의 일밖에 되지 않지만 그렇다고 어떻게 털 한 가닥을 가볍게 여길 수 있겠습니까?"[53]

양주의 사상은 '위아爲我주의'로 잘 알려져 있다. 위아란 나를 위한다는 뜻이다. 위아주의와 이기주의는 다르다. 이기주의가 남들이 어떻게 되든 말든 내 이익만 챙기는 것이라면 위아주의는 '먼저 나 자신을 잘 챙기는 것'을 의미한다. 양주가 먼저 나 자신을 잘 챙기라고 충고하는 이유는 내가 없으면 남도 없고 내가 없다면 이 세상도 아무런 의미를 지닐 수 없기 때문이다.

> 유명한 수후의 구슬[54]로써 천 길 높이의 참새를 쏘았다면 세상 사람들은 반드시 그를 비웃을 것이다. 그가 사용하는 것은 귀중한 것인데 그것으로 구하려는 것은 보잘것없기 때문이다.[55]
>
> ───────── 《장자》〈양왕〉

남을 위해 나를 쏘아 올리는 일은 많은 현대인들이 당착한 현실이다. 일주일에 하루 정도는 나 자신에게 오롯이 관심을 기울이고 스스로를 잘 보살필 수 있어야 한다. 하루를 마치며 자연스레 늘어지는 느낌을 받는 까닭은 당장 내일이 되면 다시금 쏘아 올려져야 할 높이가 있기 때문이다. 이 높이는 내 욕심에 비례한다.

현명한 사람은 자신의 분수에 맞는 높이를 설정하여 나를 보전한다. 그러나 지혜롭지 못한 사람은 닿지 못할 높이로 나를 쏘아 올리기를 반복한다. 그러다 보면 어느새 닳아 없어진 나는, 겨울이 되어 앙상해진 나무가 늘 푸른 소나무와 잣나무를 부러워하듯 후회하게 될 것이다. 멀리 쏘려면 힘껏 당겨야 하고 힘껏 당긴 뒤에는 힘을 비축할 시간이 필요함을 기억하자.

水　曜　日

3장

예 민 한

수 요 일

·

"현명하게 관계 맺기"

충고는 가까운 사람일수록
삼가야 한다

갈등葛藤은 칡나무와 등나무라는 뜻이다. 칡나무와 등나무는 덩굴 식물이다. 생김새도 비슷한 두 식물은 스스로 설 수 없기에 무언가에 의지한다는 공통점이 있다. 칡나무는 오른쪽으로, 등나무는 왼쪽으로 빙빙 돌며 자라기 때문에 이 둘이 한번 얽히기 시작하면 어지간해서는 풀 수 없다. 하지만 칡나무와 등나무가 그렇게 완전히 얽히고설킴으로써 고유한 형상이 생기기도 한다. 칡나무와 등나무가 '정반正反'이라면 그들이 얽히고설킨 결과물은 '합合'인 셈이다.

세상에는 칡나무 같은 사람이 있는가 하면 등나무 같은 사람도 있다. 인류의 역사는 정과 반의 반복적인 통합으로 만들어졌다고 해도 과언이 아니다. 이러한 과정은 지금 이 순간에도 일어나고 있다. 그리고 세상의 모든 갈등이 종식되지 않는 한 앞으로도 계속될 것이다.

무엇보다 다양성이 강조되는 오늘날이다. 이토록 다양한 것을 많이 접할 수 있게 된 데에는 그만큼 오랜 시간 다양성을 억압해 온 탓도 있다. 억압은 어떠한 방식으로든 반동을 수반한다. 작용이 있으면 반작용도 있는 물리 이론이 인간의 생활에도 그대로 적용되는 셈이다. 서양 논리학에서는 이러한 원리를 정반합의 변증법으로 설명한다. 정이 작용이라면 반은 반작용이다. 합은 작용과 반작용의 갈등을 통해 새롭게 부상하는 무언가다.

'프로불편러'라는 신조어가 있다. 필요 이상으로 트집을 잡으며 논쟁을 부추기는 사람에게 쓰는 표현으로, 보통 부정적인 의미로 사용된다. 어떤 사람은 '누군가는 허허 웃어넘길 수 있는 일도 프로불편러를 만나면 달라진다'고 말한다. 실제로 프로불편러가 한번 불만을 토로하기 시작하면 한바탕 논쟁이 벌어지거나 분란이 생기는 경우가 많다. 반드시 프로불편러만 문제냐 하면 꼭 그렇지도 않다. 고장난명孤掌難鳴이라 하였다. '외손뼉은 울리기 어렵다'는 이 말처럼 꿋꿋하게 맞서는 이가 있을 때 갈등은 고조된다.

'다양성에 대한 존중이 갈등의 완화에 이바지할 것이다.'

많은 사람이 이 말에 동의하는 듯 하다. 그럼에도 서로에게 불편한 이야기가 나오면 어김없이 불거지곤 하는 갈등. 《도덕경》의 한 대목을 통해 이러한 현상의 원인을 짧게나마 유추해 본다.

"아는 사람은 말하지 않고 말하는 사람은 알지 못한다."

다양성을 존중해야 한다는 말에서 간과하기 쉬운 것이 있다. 사실 이 말에는 '내 주장이 옳다'는 생각도 함께 담겨 있다는 점이다. 이것을 모르는 사람은 오직 말로써만 다양성은 존중받아 마땅하다는 주장을 관철시키고자 한다. 그런 사람이라면 다양성의 진짜 의미도 모르고 있을 가능성이 높다.

모두가 '예'를 외칠 때 '아니오'를 외치는 사람이 하나라도 있다면 모두는 모두가 아니게 된다. 누군가에게는 다양성을 존중하자는 주장이 못마땅할 수도 있다. 그래서 진정으로 다양성을 존중하는 사람은 다양성을 향한 못마땅함까지를 존중한다. 이런 사람은 다양성이 무엇인지 정확히 알고 있는 셈이다. 그래서 구태여 말하지 않는다.

쓴맛을 좋아하는 사람은 없다

정문일침頂門一鍼은 정수리에 침을 놓는다는 뜻으로 따끔하지만 행실에 도움이 되는 충고나 조언, 교훈을 뜻한다. 누군가가 정문일침을 놓거나 맞는 모습을 보고 있자면 사이다를 마신 것처럼 시원한 느낌이 들기도 한다.

하지만 사이다를 찾게 되는 이유가 톡 쏘는 맛 때문만은 아니다. 단맛도 있기에 많은 사람이 사이다를 즐겨 마신다. 만일 사이다에 단맛은 없고 톡 쏘는 맛만 있다면 사이다는 지금과 같은 평가를 받지 못했을 것이다. 정문일침도 마찬가지다. 침을 맞게 되면 행실에 대한 고찰보다 먼저 엄습하는 것이 있다. 바로 따끔한 통증이다. 공자에 관한 기록을 모은 책 《공자가어》의 〈육본〉에는 이런 대목이 실려 있다.

"약술은 입에 쓰지만 병에 이롭고 충고하는 말은 귀에 거슬리지만 행실에 이롭다."[56]

약술이 병에 이롭고 충고가 행실에 이로움을 모르는 사람은 없다. 하지만 병세의 진정보다 쓴맛이 먼저 오고 행실의 교정보다 거슬림이 먼저 옴을 모르는 사람은 의외로 많은 듯하다. 충고를 받을 때 가장 먼저 드는 감정은 거슬림이다. 좋은 말도 세 번 하면 듣기 싫다고 하였다. 하물며 귀에 거슬리는 충고를 즐기는 사람이 있을 리 없다. 그런 사람이 있다면 실제로는 한 귀로 듣고 한 귀로 흘리는 사람일 가능성이 높다.

자유가 말했다.

"임금을 섬기며 자주 간하면 욕을 당하게 되고 친구 사이에 자주 충고하면 멀어지게 된다."[57]

———— 《논어》 〈이인〉

"부모를 섬기되 은밀하게 간해야 한다."[58]

———— 《논어》 〈이인〉

임금이나 부모는 윗사람에 대한 상징으로 볼 수 있다. 상관, 선배, 연장자나 항렬이 위인 사람에게 별생각 없이 던지는 충고는 자칫 모욕감을 유발할 수 있다. "넌 나에게 모욕감을 줬어"라는 대사로 유명한 영화 〈달콤한 인생〉의 주인공은 자신의 보스에게 모욕감을 느끼게 한 결과 씁쓸한 죽음을 맞이했다. '충고 좀 했기로서니 그게 죽을죄가 되느냐'고 반문할 수도 있다. 요지는 죄목을 적용하는 일이 대개 윗사람의 소관인 경우가 많다는 것이다.

친구나 동료 등 수평적인 관계 역시 별반 다르지 않다. 기본적으로 충고에는 '내가 옳고 당신이 틀렸다'는 생각이 배어 있다. 충고를 해서 들을 정도의 사람이면 스스로 말이나 행동을 조심한다. 이런 사람에게 괜한 충고는 자존심을 건드리는 일일 수 있다. 하지만 자주 충고하고 싶다는 생각이 들게 하는 사람은 자신의 말과 행동에 문제가 있는지 모르는 경우가 많다. 그러므로 충고를 하더라도 개선은커녕 관계만 멀어질 뿐이다. 어쩌면 가장 위대한 충고는 '충고하고 싶다'는 충동에 사로잡힌 스스로를 타이르는 것인지도 모른다. 상대방이 충고였음을 알아차리지 못하도록 넌지시 말할 자신이 없다면 그 관계를 포기할 각오도 어느 정도는 되어 있어야 한다.

모두가 사랑에 빠진 청년의 이야기

《장자》의 〈덕충부〉에는 누구에게도 충고하지 않았던 한 사내의 이야기가 실려 있다. 그 사내의 이름은 '애태타'다.

노나라 애공이 공자에게 물었다.

"위나라에 몹시 추하게 생긴 사람이 있는데 이름은 애태타라고 합니다. 남자들이 그와 함께 생활하게 되면 그를 사모하여 떠나질 못합니다. 여자들이 그를 보면 자기 부모에게 간청하기를 다른 사람의 처가 되느니 차라리 애태타의 첩이 되겠다고 합니다. 그런 사람이 수십이 넘습니다. 그럼에도 애태타가 어떤 주장을 내세운다는 말을 들어 본 적이 없습니다. 항상 사람들과 화합할 따름이라고 합니다. (…) 대체 그는 어떤 사람입니까?"

공자가 말했다.

"제가 초나라에 사신으로 간 적이 있습니다. 그때 새끼 돼지들이 죽은 어미의 젖을 빨고 있는 것을 보았습니다. 조금 뒤 새끼 돼지들은 전부 놀라서 어미를 버리고 달아났습니다. 더 이상 자기들을 보살펴 주지 않았고 자기들과는 다르게 되었기 때문입니다. 새끼 돼지들이 어미를 사랑했던 것은 그 형체를 사랑한 것이 아니라 그 형체를 부리는 정신을 사랑했던 것입니다. 지금 애태타는 말을 하지 않으면서도 사람들에게 믿음을 주고 노력을 기울이지 않으면서도 사람들과 친해집니다. 이는 반드시 재능이 완전하면서도 덕은 밖으로 드러나지 않기 때문일 것입니다."[59]

────────── 《장자》〈덕충부〉

이어 애공이 '재능의 완전함'과 '덕이 밖으로 드러나지 않음'의 의미를 묻자 공자는 이렇게 대답했다.

"변화의 흐름을 탈 줄 아는 것이 재능의 완전함입니다. 덕이란 세상과 조화를 이룰 줄 아는 것입니다. 그래서 세상과 조화를 이루며 변화하는 사람은 다른 사람들이 그를 떠나갈 수 없습니다."[60]

변화의 흐름을 탈 줄 아는 사람은 섣불리 충고하지 않는다. 어제까지 좋다고 생각된 것이 오늘은 싫을 수 있고 오늘까지는 옳다고 생각된 것이 내일은 틀리게 여겨질 수 있음을 알기 때문이다. 세상과 조화를 이루려는 마음이 충고하고 싶은 마음을 앞서는 사람이 있다. 이들 주변에는 남녀를 불문하고 사람이 모여든다.

스스로를 타일러 자신의 마음을 가다듬는 데 매진할 뿐 남에게 충고하지 않는 일. 남의 거슬리는 점을 바로잡기보다 갈등을 바라보는 자신의 마음에 평화를 추구하여 세상과의 조화를 도모하는 일. 비록 용모는 추했지만 모두의 사랑을 독차지할 수 있었던 능력과 덕은 이러한 애태타의 정신에 있었다. 충고하고 싶다는 생각이 들 땐 한 번쯤 애태타를 떠올려 보자. 지혜롭게 관계 맺는 첫걸음이 될지 모른다.

내가 하고 싶다고
남도 하고 싶을까

체코 문학의 거장 밀란 쿤데라의 소설《참을 수 없는 존재의 가벼움》에는 이런 말이 나온다.

"자신이 사는 곳을 떠나고자 하는 자는 행복하지 않은 사람이다."

삶의 무게를 훌훌 벗어던지고 어디론가 떠나고 싶다는 생각을 한 번도 안 해 본 사람은 없을 것이다. 가족도 친구도 동료도 다 필요 없으니 아무도 없는 무인도에서 혼자 살고 싶은 마음이 들 때가 있다. 내가 행복하지 않은 순간들이다.

비가 억수같이 쏟아지던 날 산에 오른 적이 있다. 등산로에는 사람 그림자도 보이지 않았다. 그렇게 한참을 올라가다 보니 문득 두려워졌다. 세상에 나 홀로 남겨진 기분이었다. 이제 그만 내려가자며 걸음을 돌렸지만 내려가는 길은 더 고역이었다. 내 발소리에 내가 놀라고 누가 쫓아오는 것 같아도 뒤돌아볼 엄두도 내지 못하길 여러 번, 마침내 저 멀리 우산을 쓰고 걸어오는 사람이 보였다. 형언할 수 없는 안도감이 밀려왔다. 사람이 그렇게 반가운 적은 처음이었다.

같은 듯 다르고 다른 듯 같은 마음

아리스토텔레스는 《니코마코스 윤리학》에서 인간은 필연적으로 사회적 존재일 수밖에 없음을 강조했다. 호모 소시올로지쿠스homo sociologicus는 사회적 인간이라는 뜻이다. 모든 인간은 어쩔 수 없이 더불어 살아갈 수밖에 없다. 무인도를 선택한 사람을 기다리는 것은 외로움이 아닌 두려움이며 고독이 아닌 불안이다. 두렵고 불안한 사람은 불행을 느낀다.

그러므로 좋은 관계를 많이 가진 사람은 행복한 사람이다. 이런 사람은 좋은 인간이기도 하다. 인간人間은 '사람 사이'를 뜻하는 단어이기 때문이다. 좋은 사람인지 그렇지 못한 사람인지는 그가 다른 사람들과 어떤 관계를 맺는지를 보면 알 수 있다. 관계는 고정된 것이 아니라 변하는 것이다. 좋았던 사이가 하루아침에 나빠지기도 하고 나빴던 사이가 어떤 계기로 호전되기도 한다. 결국 행복이란 좋은 사이를 얼마큼 잘 유지하는가에 달려 있다.

자공이 물었다.

"평생 실천할 만한 한마디 말이 있습니까?"

공자께서 말씀하셨다.

"서恕일 것이다. 자기가 하고자 하지 않는 것을 남에게 시키지 않는 것이다."[61]

——————— 《논어》〈위령공〉

공자가 이야기한 서恕란 같은如 마음心이라는 의미다. 내가 하기 싫은 일을 남에게 시키지 않으려면 먼저 남과 같은 마음을 가져야 한다. 얼굴을 안다고 그 사람을 안다고 할 수 없다. 마음을 알아야 진정 그 사람을 알 수 있다. 그러려면 상대방에게 관심을 기울일 수 있어야 한다. 그래야 그 사람이 뭘 좋아하고 뭘 싫어하는지 알 수 있다. 이처럼 공자는 나 이외의 사람에게도 관심을 가져야 한다고 강조한다.

더 중요한 것은 내가 하기 싫으면 남도 하기 싫을 것이라 생각하는 오만, 내가 하고 싶으면 남도 하고 싶을 것이라 여기는 독선을 버리는 것이다. 함께 어울려 사는 이들을 잘 관찰할 줄 아는 사람은 같은 듯 다르고 다른 듯 같은 상대방의 마음을 상황에 따라 잘 헤아릴 수 있는 능력을 얻는다. '역지사지'가 바로 그 능력이다. 입장을 바꿔 생각할 줄 아는 습관은 나로 하여금 상대방을 배려할 줄 아는 성숙한 인간으로 나아가게 해 준다. 이 성숙함이야말로 공자가 말한 '서'의 본질인 셈이다.

다름: 분열과 소란을 조장하거나 해소하거나

때때로 지나친 관심은 부담이 되기도 한다. 오늘날 문제시되는 스토킹이나 가스라이팅, 그루밍 성범죄도 왜곡된 관심으로부터 비롯된 경우가 많다. 장자는 다른 사람들에게 관심을 갖는 것도 중요하지만 어떻게 관심을 가져야 하는가에 대해서도 생각해 보기를 권한다.

사람은 습지에서 자면 허리 병이 나고 반신불수가 되어 죽게 되는데 미꾸라지도 그러한가? 나무 위에 서면 사람은 두려워 벌벌 떠는데 원숭이도 그러한가? 사람은 가축을 잡아먹고 사슴은 풀을 뜯어 먹고 지네는 뱀을 잘 먹고 새들은 쥐를 좋아한다. 암컷 원숭이는 수컷 원숭이와 짝을 짓고 사슴은 사슴과 교미하고 미꾸라지는 물고기와 어울려 논다. 모장과 이희는 사람들이 미인이라고 하지만 물고기는 이들을 보면 물속 깊이 들어가고 새는 이들을 보면 높이 날아가고 사슴은 이들을 보면 후다닥 달아난다.[62]

———————— 《장자》〈제물론〉

장자는 세상 만물의 다름과 상대성으로부터 진리를 발견하고자 했다. 예컨대 사람이 물에 들어가 살면 얼마 지나지 않아 몸이 붓고 호흡하지 못해 죽고 말겠지만 미꾸라지에게는 물속이 삶의 터전이다. 마찬가지로 아무런 안전장치도 없이 나무 꼭대기에 올라간 사람은 두려움에 떨겠지만 원숭이는 이 나무에서 저 나무로 뛰어다니기를 사람이 땅을 걷고 미꾸라지가 물에서 헤엄치듯이 한다. 장자는 묻는다. 사람, 미꾸라지, 원숭이 중 누가 있는 곳이 올바른 곳이냐고.

사람은 소나 양, 돼지를 잡아먹고 사슴과 고라니는 풀을 뜯어 먹는다. 모장과 이희는 춘추시대의 소문난 미인으로 알려져 있었다. 하지만 사람들이 입을 모아 칭찬하는 미인이라도 물고기, 새, 사슴의 입장에서는 언제 자신을 해칠지 모르는 위협적인 존재일 뿐이다. 장자는 묻는다. 사람과 사슴 중 누구의 입맛이 올바른 입맛이냐고. 사람과 원숭이, 물고기와 새, 그리고 사슴 중 누가 진정한 아름다움을 알고 있느냐고.

이 이야기는 《장자》의 〈제물론〉에 수록되어 있다. 제물齊物이란 세상 만물을 하나로 뭉뚱그린다는 뜻이다. 그러므로 제물론은 '세상 만물을 하나로 뭉뚱그리는 방법'에 대한 논의가 된다. 장자는 왜 세상 만물을 하나로 만들고자 했을까. 그 이유는 세상 만물이 저마다 다르기 때문이다. 다름을 받아들일 때 만물은 하나가 될 수 있다. 그러나 다름을 받아들이지 못할 때 하나는 백천만겹으로 끝없이 분열한다.

하나 된 세상에 살고 싶은 사람은 많지만 분열된 세상에 살고 싶은 사람은 없다. 악마를 일컫는 라틴어 디아볼루스diábölus의 원래 뜻은 분열과 소란이다. 장자는 분열과 소란이 난무하는 세상을 번연효란樊然殽亂이라는 한마디로 표현했다. 이는 '울타리처럼 어지럽게 뒤섞인 모양'을 말한다.

분열과 소란을 해소하는 유일한 길은 서로의 다름을 인정하는데 있다. 장자는 서로의 다름을 인정하기 위해 맞고 틀림이나 좋고 싫음의 기준을 없애자고 주장한다. 내가 맞고 상대방은 틀렸다는 생각에서 벗어날 때, 내게 좋은 것이 상대방에게는 싫은 것일 수도 있다는 생각을 갖게 될 때, 그래서 맞고 틀림과 좋고 싫음을 구분하는 기준이 사라질 때 사람 사이는 좋아질 수 있다. 장자의 관점에서는 올바른 곳도 올바른 맛도 올바른 아름다움도 없다. 만사는 모두 내 기준에서 바르거나 삐딱하고, 맞거나 틀리고, 좋거나 싫을 뿐이다. 그리고 이 기준은 사람마다 전부 다르다. 다름을 인정할 수 있는 사람은 하나 될 준비가 된 사람이지만 다름을 거부하는 사람은 분열과 소란을 즐기거나 조장하는 사람이다.

공자와 장자의 공통점은 모두가 더불어 사는 세상에서 서로 사이좋게 살기를 바랐다는 것이다. 이를 위해 공자는 자신이 하기 싫은 일을 남에게 시키지 않을 수 있는 배려와 관심에 주목했다. 그리고 장자는 이 배려와 관심이 서로의 다름을 인정하는 삶의 자세로부터 싹튼다고 하였다.

다름을 인정하면 그동안 이해되지 않던 많은 것들이 조금씩 이해되기 시작한다. 그러면 깨닫게 된다. 사실 세상엔 별의별 이상한 사람이 많은 게 아니라 별의별 이해받지 못한 사람이 많은 것일 뿐임을. 이상한 사람이 많은 세상엔 좋은 사이가 드물지만 이해하려는 사람이 많은 세상엔 나쁜 사이가 드물다. 나를 너로 만들고 너를 나로 만들고자 하는 것은 폭력이다. 하지만 나를 나답게, 너를 너답게 만들어 주는 것은 아름다움이다. 각기 다른 너와 내가 모여 우리를 이뤄 가는 것이 제물齊物의 아름다움일 것이다.

실천이 굼뜬 것보다
말이 어눌한 것이 낫다

오래간만에 대학 동기들을 만났다. 어색하게 서로의 근황을 묻는 것도 잠시다. 몇 마디 대화를 나누다 보면 어느새 캠퍼스로 돌아가 있다. 초등학교 동창을 만나면 초등학교 시절로 돌아가고 중고등학교 동창을 만나면 중고등학교 때로 돌아간다더니 그 말이 틀림없는 듯하다.

어느 정도 취기가 오르자 동기 두 녀석이 말다툼을 하기 시작했다. 발단은 '어째서 내 결혼식에 오지 않았냐'는 것이다. 한 동기는 서운함을 토로하기에 여념이 없고 다른 한 동기는 피치 못할 사정이 있었다며 자신을 변호하기에 바쁘다. 점차 언성이 높아지고 급기야는 주먹다짐이라도 벌일 기세다. 동기들 가운데 술을 마시지 않는 사람은 나뿐이었다. 그래서 둘의 분쟁을 중재하는 일은 오롯이 내 몫이 되었다.

나는 한 녀석의 손을 붙들고 밖으로 나왔다. 어쩔 수 없는 사정이 있었다는데 왜 그렇게까지 화가 났느냐고 물었다. 그러자 친구는 씩씩거리며 이렇게 말했다.

"분명히 세상이 무너져도 무조건 오겠다던 놈이었어. 근데 아무리 기다려도 나타나질 않잖아. 차라리 말을 말든가."

말뿐인 사람은 진실하지 않다

그날 친구의 이야기를 듣다 보니 장자와 감하후가 나눈 대화가 떠올랐다.

매우 가난하게 살았던 장자는 먹을 것이 떨어지자 감하후에게 곡식을 꾸러 갔다. 그러자 감하후는 이렇게 말했다.

"그럽시다. 내가 영지에서 세금을 거두는 대로 선생에게 삼백 금을 빌려주겠소. 괜찮겠습니까?"[63]

장자는 벌컥 성을 내며 불쾌한 얼굴빛으로 이렇게 말했다.

"내가 어제 이곳으로 오는데 나를 부르는 것이 있었습니다. 돌아보니 수레바퀴 자국 속에 있는 붕어였습니다. 내가 붕어에게 무얼 하고 있느냐 물으니 붕어는 이렇게 대답했습니다.

'저는 원래 동해의 물결에서 노닐던 놈입니다. 선생께서 한 말이

나 몇 됫박의 물이 있거든 저한테 부어 저를 좀 살려 주십시오.'
내가 말했습니다.

'그러지. 내 남쪽으로 가서 오나라와 월나라의 임금을 설득하는
대로 서쪽의 강물을 끌어다가 너를 마중하도록 하겠다. 괜찮겠느
냐?'

그러자 붕어는 벌컥 성을 내며 불쾌한 얼굴빛으로 말했습니다.

'저는 제게 늘 있어야 할 물마저 잃고 있어서 당장 몸 둘 곳이 없
습니다. 저는 한 말이나 몇 됫박의 물만 있으면 살 뿐입니다. 선생
의 말대로 하다가는 차라리 저를 건어물 가게에서 찾는 편이 더
나을 것입니다.'"[64]

——————— 《장자》〈외물〉

만일 장자가 그저 조금의 물을 가져다 부어 줬다면 어땠을까. 아
마 붕어는 벌컥 화를 내지 않았을 것이다. 마찬가지로 감하후가 그
저 쌀 한 가마니만 내주었다면 장자 역시 분을 터뜨리며 얼굴빛을
고칠 필요가 없었을 것이다.

공자께서 말씀하셨다.

"말을 솜씨 있게 하고 얼굴빛을 곱게 꾸미는 사람 중에는 인(仁)한
사람이 드물다."[65]

——————— 《논어》〈학이〉, 〈양화〉

이 말은《논어》에 두 차례나 등장한다.《논어》에서 토씨 하나까지 똑같은 내용을 두 번이나 언급한 경우는 몹시 드물다. 이는 공자가 이 대목을 그만큼 중요하게 생각했다는 방증이기도 하다. 인仁이란 사람人 둘二이 함께 잘 있는 것이다. 먼저 너와 나 두 사람이 잘 있어야 우리도 잘 있을 수 있다. 공자가 솜씨 있는 말과 꾸며진 얼굴빛을 경계한 이유는 이 두 가지에 욕심이 담긴 경우가 많기 때문이다.

의리나 신뢰 등 나의 가치를 드러내고 싶다는 욕심이 앞설 때가 있다. 욕심을 따르는 말솜씨는 나도 모르는 새 좋아지고 얼굴빛은 자연스레 꾸며진다. 반면에 실천을 따르는 말과 얼굴빛은 자못 양심적이다. 양심이란 늘 인仁한 마음과 맥을 같이하기 때문이다.

솜씨 있게 내뱉은 말들을 빠짐없이 실천할 수 있다면 그보다 좋을 순 없다. 보이고 싶은 얼굴빛을 늘 보일 수 있다면 이를 꾸며졌다고 할 수 없다. 하지만 세상엔 내뱉은 말을 모두 실천할 수 있는 사람도 없고 항상 원하는 얼굴빛만 보일 수 있는 사람도 없다. 그래서 공자는 말은 어눌해도 크게 문제될 게 없지만 실천이 굼뜬 것은 곤란하다고 하였다.

앎과 실천은 분리할 수 없다

공자는 말보다 행동이 앞서는 것이 군자라고 생각했다.《논어》

에는 이와 비슷한 맥락의 말들이 자주 등장한다.

공자께서 말씀하셨다.
"군자는 말은 어눌하게 하고 행동은 민첩하게 하려고 해야 한다."[66]

──────── 《논어》〈이인〉

하루는 제자인 자공이 공자에게 군자에 대해서 물었다. 그러자 공자는 이렇게 대답했다.
"먼저 그 말을 행동에 옮기고 그 뒤에 말이 행동을 따르는 것이다."[67]

──────── 《논어》〈위정〉

"옛날에 말을 함부로 내뱉지 않은 것은 몸소 행하지 못함을 부끄러워했기 때문이다."[68]

──────── 《논어》〈이인〉

양명학을 창시한 후대의 유학자 왕양명은 '지행합일知行合一'을 주창한 것으로 알려졌다. 지행합일이란 '앎과 실천은 합쳐서 하나가 된다'는 뜻이다. 왕양명의 어록과 왕양명이 당시의 사람들 및 제자들과 나눈 대화는 《전습록》이라는 책으로 만들어져 전해 내려오는데 여기서 그는 《대학》의 한 대목을 인용하며 이렇게 말했다.

"코가 막힌 사람은 악취가 나더라도 냄새를 맡지 못하기 때문에 악취를 싫어하지 않는다. 이것은 아직 냄새를 알지 못하는 것이다. 가령 누군가 효도를 알고 공손함을 안다고 말하는 경우도 마찬가지다. 반드시 그 사람이 이미 효도를 행하고 공손함을 행해야지만 효도를 알고 공손함을 안다고 말할 수 있다. 단지 효도와 공손함에 대해 말할 줄 안다고 해서 효도와 공손함을 안다고 말할 수는 없다. 또 아픔을 안다고 할 경우에도 반드시 자기가 이미 아픔을 겪어야 비로소 아픔을 안다고 할 수 있다. 추위를 안다는 것은 반드시 자기가 이미 추위를 겪은 것이며 배고픔을 안다는 것은 반드시 자기가 이미 배고픔을 겪은 것이다. 그러니 앎과 행위를 어떻게 분리할 수 있겠는가?"[69]

왕양명에 따르면 앎과 실천을 따로 떼어서 생각하기란 논리적으로 불가능하다. 실제로 아는 사람은 반드시 실천하고 실천하는 사람은 이미 아는 사람이다. 또 실천하는 만큼 아는 것이며 아는 만큼 실천하는 것이다. 공자가 말은 어눌하게 하더라도 실천은 민첩하게 하라고 조언하는 이유도 마찬가지다. 실천이 없는 말은 실망을 가져오고 실망은 서운함으로 이어지며 서운함이 쌓이면 인간관계가 무너진다.

결국 분을 이기지 못해 먼저 자리를 뜬 친구의 마음을 다시 한번 헤아려 본다. 그렇게 한 친구가 떠나고 난 자리엔 풀 죽은 너와 누구의 편도 들 수 없어 이러지도 저러지도 못하는 우리만 남았다. 떠나간 친구는 신경질적으로 택시 문을 닫으며 이렇게 말했다.

"실실 웃는 얼굴로 호언장담을 해 놓고선 막상 행동은 딴판이니까 내가 약이 올라서 그래, 약이 올라서."

세상이 무너지더라도 꼭 참석하겠다던 친구가 결혼식장에 나타났다면 그날의 동기 모임은 기분 좋게 막을 내렸을 것이다. '꼭 가고 싶었지만 사정이 생겨 미안하게 됐다'는 말을 나중에라도 전했다면 그날의 동기 모임은 그토록 떠들썩하지 않았을 것이다. 현명한 사람은 말보다 행동에 최선을 다한다. 그러나 지혜롭지 못한 사람은 행동보다 말과 얼굴빛에 힘쓴다.

기분 좋을 때 함부로 약속하지 말라는 격언이 있다. 좋은 기분에 말은 유창해지는 반면 실천은 점점 어려워지기 때문이다. 말을 아끼되 실천에 힘쓰는 일. 예민한 수요일을 되풀이하지 않는 군자의 길은 그 가운데에 있다.

함께 가고 싶은 사람의 조건

"당신이 뭘 알아?"라는 말을 들었을 때 기분이 좋은 사람은 없다. 이런 표현에는 상대방을 깔보거나 업신여기는 태도가 담겨 있기 때문이다. 설령 아직 모르는 게 많은 아이들에게도 이렇게 말해서는 곤란하다. 무시받은 아이의 마음은 저도 모르게 작아진다. 작은 마음을 갖고 기량을 마음껏 펼칠 수 있는 사람은 없다.

대놓고 이런 말을 내뱉는 것만이 상대방을 무시하는 행위는 아니다. '이 정도는 당연히 알아야 하지 않느냐'는 태도 역시 상대방을 무시하는 마음으로부터 비롯되는 경우가 많다. 가령 한 초등학교 수학 선생님이 자신의 반 학생들에게 미적분이나 함수론 등의 고등 수학을 가르친다면 어떨까. 이는 학생들을 무시하는 행위로 그에겐 선생님의 자격이 없는 것이다.

맞춤형 교육의 대가들

가르치고 배우는 과정에는 서로 존중하는 마음이 있어야 한다. 예로부터 동양에서는 교학상장教學相長이란 말을 즐겨 썼다. 교학상장이란 '가르치고 배우는 과정에서 함께 성장한다'는 뜻이다. 공자의 제자들이 편찬한 것으로 알려진 《예기》에 다음과 같은 내용이 실려 있다.

"옥은 다듬지 않으면 그릇이 될 수 없고 사람은 배우지 않으면 도를 알 수 없다. 이런 까닭에 옛 왕들은 나라를 세우고 백성에게 왕 노릇 함에 가르침과 배움을 우선으로 삼았다. 비록 좋은 안주가 있어도 먹지 않으면 그 맛을 알 수 없다. 비록 지극한 도가 있어도 배우지 않으면 그 좋음을 알 수 없다. 배운 다음에야 부족함을 알고 가르쳐 본 다음에야 어려움을 알게 된다. 부족함을 안 다음에야 스스로 반성할 수 있고 어려워 본 다음에야 스스로 강해질 수 있다. 그래서 가르침과 배움은 서로 진보시키는 것이라 한다."[70]

또 《서경》에서는 효학반斅學半을 강조하며 가르침의 절반은 배우는 것이라고 했다. 공자는 같은 질문을 받더라도 묻는 사람이 누구냐에 따라 다르게 대답했다. 예컨대 번지라는 제자가 인仁을 묻자 "남을 아끼는 것이다"[71]라고 대답했다. 자공이라는 제자가 인을 물을 땐 "기술자가 자기 일을 잘하려면 먼저 반드시 연장을 예리하게 해야 한다"[72]라고 대답했다.

번지는 공자의 수레를 몰았던 어린 제자다. 수레를 몰다가 궁금한 점이 생기면 이것저것 묻곤 했던 번지를 공자는 무척 귀여워했다. 자공은 재리에 밝고 언변이 뛰어난 제자였다. 자공은 질문하기보다 토론하길 즐겼고 듣기보다 말하길 좋아했다. 공자는 어리고 천진난만한 번지에게는 남을 아낄 줄 아는 고운 마음씨로써 인을 알려 준 반면, 뽐내기를 좋아했던 자공에게는 뽐내는 만큼 배우는 것도 좋아해야 한다고 넌지시 타이름으로써 인을 알려 주었다. 이처럼 공자는 제자들의 수준에 따라 적절한 대답을 해 주고자 부단히 노력했던 인물이다.

이러한 교육 방식은 동서고금을 막론한 성인들의 공통점이기도 하다. 똑같이 천국과 사랑을 물어도 열두 제자에게 들려준 예수의 대답은 저마다 달랐다. 어떤 제자에게는 장황하게 설명했지만 또 다른 제자와는 미소만으로 마음을 주고받았던 인물이 붓다였다. 소크라테스는 각 제자에게 필요하리라 생각되는 질문들을 고심하고 먼저 되묻기까지 하는 섬세함을 보여 주었다.

중간 이상인 사람과 중간 이하인 사람

공자께서 말씀하셨다.

"중간쯤 이상 되는 사람에게는 심오한 진리를 말해도 되지만 중간쯤 이하 되는 사람에게는 심오한 진리를 말하면 안 된다."[73]

——————— 《논어》〈옹야〉

공자가 말하는 중간의 기준은 부나 명예, 지식 같은 것이 아니다. 이런 것들을 기준 삼아 사람을 가른다면 그것은 차별에 지나지 않는다. 다만 공자는 이 대목을 통해 상대방의 수준을 십분 고려하여 말하고 행동할 줄 아는 배려와 존중을 강조하고 있다.

'사람 인人'은 작대기 두 개가 서로 기댄 모양이다. 서로가 서로에게 도움을 주고받을 때 비로소 사람 구실을 할 수 있다는 뜻이다. 도움을 주고받으려면 먼저 서로의 수준을 알아야 한다. 그래야 어느 정도로 도움을 주고받을지 결정할 수 있다.

반면 장자는 중간 이하 되는 사람에게 깊은 이야기를 했을 경우 생기는 폐단을 지적한다. 내 마음대로만 듣는 사람에게 깊은 이야기를 하면 어떻게 될까. 의도치 않은 일을 마주하여 곤경에 빠지는 등 재난을 당할 수 있다는 것이 장자의 논리다.

고기잡이가 말했다.

"내가 듣건대 함께 갈 만한 사람과는 함께 어울려 오묘한 도에 이르도록 가도 되지만 함께 갈 수 없는 자는 그러한 도를 알지 못하고 있을 것이므로 삼가 함께 어울리지 말아야 한다고 하였습니다. 그래야 몸에 아무런 재난이 없게 될 것입니다."[74]

———————— 《장자》〈어부〉

공자가 말하는 중간 이상 되는 사람과 장자가 말하는 함께 갈 만한 사람은 적어도 상대방의 말을 주의 깊게 들을 수 있는 사람이다.

반면 중간 이하 되는 사람과 함께 갈 수 없는 사람이란 귀로 들리는 것만이 전부인 줄 아는 사람이다. 들리는 것만이 전부라는 말은 곧 내 마음대로만 듣겠다는 말과도 같다.

어떻게 들어야 하는가?

서로의 수준을 알기 위해선 대화가 필요하고 특히 상대방의 말을 들을 수 있어야 한다. 동양에서 듣는 방법으로는 크게 세 가지가 있다. 첫째는 문聞이다. 이는 귀로 들어오는 모든 소리를 그저 들리는 대로 듣는 것이다. 둘째는 청聽이다. 이는 상대방의 말을 주의 깊게 듣는 것이다. 셋째는 경청傾聽이다. 이는 마음을 기울여 상대방의 말을 알아차리는 것이다.

들리는 대로만 듣는 것은 귀가 달린 사람이라면 누구나 할 수 있다. 하지만 주의 깊게 듣고 마음을 기울여 알아차리는 것은 상대방의 진정眞情을 알고자 하는 마음이 없다면 할 수 없다. 진정이란 진실하고도 애틋한 마음이라는 뜻이다. 상대방의 진정을 알기 위해선 내게도 진실하고 애틋한 마음이 있어야 한다.

노자는 《도덕경》에서 "아는 사람은 잘 모르겠다 하는데 이것이 최상이며, 잘 모르는 사람은 오히려 안다고 하는데 이것은 병이다"[75]라고 하였다. 노자가 말하는 앎의 대상은 바로 나 자신이다. 스스로를 잘 아는 사람에게는 남의 말을 귀담아들을 여유가 있다.

하지만 스스로를 잘 모르는 사람은 자신의 말을 쏟아 내기 급급하다. 그러므로 공자가 말하는 중간쯤 이상 되는 사람, 장자가 말하는 함께 갈 만한 사람이 되기 위해서는 먼저 나 자신이 어떻게 듣고 있는지를 어느 정도 알고 있어야 한다.

알코올 중독자로 살던 시절, 나는 술에 취하면 나 자신이 누구인지를 도무지 알 수 없었다. 누군가 나에 대해 말해 주어도 남의 말은 아예 들으려 하지 않았다. 주변 사람들은 하나둘씩 내 곁을 떠났다. 아마 그들은 나를 중간 이하쯤 되는, 그래서 더는 함께 갈 수 없는 사람이라고 생각했을 것이다. 결국 내 주변에는 함께 가기 어려운 사람들만 남았다. 자신을 알지도 못하고 남의 말을 주의 깊게 들을 줄도 모르는 이들하고만 어울리게 된 것이다. 그러자 장자가 예견한 대로 인생에 많은 고난이 닥쳤다.

중간 이하 되는 사람이 중간 이상으로 거듭나거나, 중간 이상 됐던 사람이 중간 이하로 퇴보할 수는 있다. 또 함께 갈 만한 사람이 더는 함께 갈 수 없는 사람이 되거나, 함께 갈 수 없을 것 같던 사람이 그 반대가 되기도 한다. 하지만 중간 이하 되는 사람이었다가 중간 이상 되는 사람이 되기를, 함께 갈 만한 사람이었다가 함께 갈 수 없는 사람이 되기를 언제까지고 반복해서는 안 된다. 이는 발전도 퇴보도 아닌 그저 악순환에 불과하기 때문이다.

예민함은 잘 다루면 좋은 감정으로 승화될 수도 있다. 하지만 자칫하면 나를 잃어버리게 만드는 무서운 감정이기도 하다. 그래서 예민해지기 쉬운 날엔 내 마음을 다잡을 수 있는 용기가 더욱 필요하다. 예민할수록 주의 깊게 듣고 마음을 기울여 알아차릴 수 있는 지혜를 발휘해야 한다. 그래야 중간쯤 이상 되는 사람들과 오래 함께 갈 수 있다. 어떤 관계를 맺어 나갈지는 나 스스로가 함께 갈 만한 사람인가 그렇지 못한 사람인가에 달려 있을지도 모른다.

결코 나 혼자 사는 세상이 아님을
잊지 않는 것

　지방의 한 정신병원으로 수습을 나갔을 때였다. 중독을 포함한 정신 질환을 앓는 환자들이 함께 생활하는 폐쇄 병동이라 종종 작은 소동이 있었다. 하루는 물건 깨지는 소리와 고함 소리가 귀청을 때렸다. 나는 다음 날 소동을 일으킨 환자에게 다가가 조심스레 상태가 어떤지 물었다. 그러자 그가 뜻밖의 대답을 했다. "어제는 미안합니다. 근데 말입니다. 나는 선생님들이 나를 조금 더 잘 대우해 주기를 바랍니다. 솔직히 말하면 여기 계신 분들도 전부 나 같은 사람이 있어서 먹고사는 것 아닙니까? 선생님도 그래요. 나 같은 사람들이 있으니까 여기 와서 공부도 하시고 경력도 쌓을 수 있는 거잖아요." 그 말을 듣고 있자니 곧바로 대답이 튀어나왔다. "그럼요. 그래서 늘 감사드립니다."

죽이 잘 맞는 파트너의 중요성

도박으로 전 재산을 탕진하고 빚더미에 오른 분과 대화를 나눈 기억이 있다. 처음엔 으레 도박 중독에 빠진 분이겠거니 생각했다. 하지만 대화를 이어 가다 보니 꼭 그렇지만도 않을 수 있겠다는 생각이 들었다. 그분은 이렇게 말했다.

"짜고 치는 고스톱이라는 말 들어 본 적 있죠? 정말로 친한 친구가 한 명 있었어요. 나는 그 친구랑 늘 짜고 치는 고스톱을 쳤습니다. 우리는 돈도 참 많이 만져 봤어요. 문제는 그 친구가 사고로 세상을 떠나면서 벌어졌어요. 그다음부터는 제대로 돈을 따 본 기억이 없어요. 늘 잃기만 하다가 결국 이 지경이 되고 말았지요."

그분에게 다른 파트너를 찾아볼 생각은 안 했는지 물었다. 그러자 그분은 이렇게 대답했다.

"왜 안 해 봤겠어요. 실제로 몇 명 있기도 했지만 중요한 건 당최 호흡이 맞질 않았단 겁니다. 누가 됐든 먼저 떠난 친구만 못하니 집중이 잘 안 돼요. 내 생각이 자꾸만 딴 데 가 있으니 그 사람들도 나를 믿질 못합니다. 전부 눈치 하나는 빤한 사람들이라 그래요. 딴 돈을 내가 혼자 다 꿀꺽하면 어쩌나 하는 엉뚱한 생각만 하고 말이지요. 서로 믿질 못하니 짜고 치는 고스톱이 제대로 될 리 없지요. 어쩌면 내가 도박판을 떠나지 못하는 이유는 먼저 간 그 친구가 그리워서인지도 모르겠어요. 그 친구와 함께라면 도박이 아니더라도 뭐든 해 볼 수 있을 텐데."

집착적으로 도박에 손을 대는 사람은 크게 두 부류로 나뉜다. 첫째는 도박사고 둘째는 도박꾼이다. 도박사는 대개 팀 단위로 움직이며 실질적으로 돈을 딸 방법을 연구한다. 반면 도박꾼은 돈과 승부에 지나치게 몰입하는 경향이 있다. 도박꾼의 목적은 도박 그 자체에 있는 셈이다. 이 사례는 한 도박사의 삶이 죽이 잘 맞았던 파트너를 잃고 도박꾼의 삶으로 전환된 예시로 볼 수 있다. 나는 이 이야기를 들으며 문득 《장자》의 한 대목이 떠올랐다.

장자가 장례를 치르고 혜시의 무덤 옆을 지나가다가 종자들을 돌아보며 말했다.

"영郢 땅 사람이 코끝에 흰 찰흙을 파리의 날개만큼 바르고 장석으로 하여금 그것을 깎아 내게 하였다. 장석은 도끼를 마구 휘둘러 바람을 날리면서 그것을 깎아 냈다. 흰 찰흙은 다 없어졌지만 코에는 상처 하나 나지 않았다. 영 땅 사람은 선 채로 얼굴빛 하나 변하지 않았다. 송나라 원군이 이 소문을 듣고 장석을 불러 말했다.

'시험 삼아 내 코끝에 흰 찰흙을 바르고 한번 깎아 내 보아라.'

장석이 말했다.

'제가 예전에는 그렇게 깎아 낼 수 있었습니다. 하지만 제 기술을 발휘할 바탕이 이미 죽은 지 오래되었습니다.'

나는 혜시가 죽은 뒤로 나의 이론을 펼칠 바탕이 없어졌다. 함께 의견을 나눌 상대가 없게 된 것이다."[76]

———— 《장자》〈서무귀〉

만일 장석과 영 땅 사람이 오늘날 되살아난다면 어떨까. 눈앞에서 그들이 진귀한 묘기를 펼친다면 많은 사람이 마술 쇼를 보듯 환호하며 신기해할 것이다. 큰 도끼를 휘두르면서 코끝의 하얀 흙만 깎아 내는 장석의 재주를 칭찬하고 목전에 도끼날이 왔다 갔다 해도 낯빛 하나 변하지 않는 영 땅 사람의 담력을 높이 살 것이다. 그렇다면 '당신의 재주가 참 걸출하다'는 말을 들은 두 사람의 반응은 어떨까. 어쩌면 입을 모아 이렇게 말할지도 모른다.

"재주를 펼칠 수 있는 상대방이 없다면 제가 가진 재주는 전부 무용지물입니다. 우리는 서로의 바탕이 되어 주고 있는 셈이지요."

노자는 《도덕경》을 통해 조화를 이루는 세상에 관해 이야기했다.

"유有와 무無는 서로 살게 해 주고 어려움과 쉬움은 서로 이뤄 준다. 길고 짧음은 서로 비교 대상이 되고 높음과 낮음은 서로 귀를 기울인다. 음音과 성聲은 서로 조화를 이루고 앞과 뒤는 서로 따른다. 이것이 세상의 항상 그러한 모습이다."[77]

음音이란 법칙이 있는 소리를 뜻한다. 그러므로 음은 질서의 상징이기도 하다. 성聲이란 규칙을 발견하기 어려운 자연의 소리를 뜻한다. 음을 기준으로 보자면 성이란 혼돈의 상태인 셈이다. 혼돈이 있은 뒤에야 무엇이 질서인지 알 수 있고 질서가 잡힌 뒤에야 혼돈의 상태를 규명할 수 있다. 그래서 노자는 있음과 없음이 서로를 살게 해 준다고 하였다. 우리네 인생도 마찬가지다. 어려움과 쉬움, 길고 짧음, 높음과 낮음, 질서와 혼란이 끊임없이 반복되는 것이 인생이다. 이러한 인생의 여정을 우리는 오늘도 앞서거니 뒤서거니 하며 살아가고 있다.

해마다 수능 시즌이 되면 눈에 자주 띄는 표현들이 있다. '불수능', '킬러 문항' 등이 그것이다. 만일 시험이 쉬운 문제로만 출제된다면 어떨까. 그 시험은 변별력을 가지지 못할 것이다. 반대로 모든 문항이 어려운 킬러 문항이라면 어떨까. 이 역시 시험으로서 가치를 지니지 못할 것이다. 어려운 문항과 쉬운 문항이 조화를 이뤄야만 시험의 가치가 발생되는 셈이다.

이는 길고 짧음도 마찬가지다. 예컨대 가방끈이 긴 사람만 모여 사는 세상이라면 그곳에서는 가르치는 사람과 배우는 사람을 구분하기가 쉽지 않다. 아마 서로 자기가 잘났다며 분쟁만을 일삼을지도 모른다. 소득이 높은 사람만 있고 낮은 사람이 없다면 어떨까. 부자의 가치는 폭락할 것이다. 모두가 부자인 세상에서는 높은 소득과 많은 재산에 큰 가치를 매길 수 없게 된다.

신뢰가 없으면 재주가 있어도 펼칠 수 없다

공자께서 말씀하셨다.

"사람이 되어서 미더움이 없으면 사람일 수 있는 가능성을 찾아볼 수 없다. 큰 수레에 끌채가 없고 작은 수레에 쐐기가 없다면 무얼 가지고 수레를 끌고 가겠는가?"[78]

———————— 《논어》〈위정〉

끌채란 수레와 멍에를 연결하는 데 필요한 쐐기를 뜻한다. 큰 수레든 작은 수레든 멍에와 수레의 연결 고리인 끌채가 없다면 수레는 수레의 기능을 할 수 없다. 공자는 신뢰가 없는 사람은 끌채가 없는 수레와 같다고 하였다. 신뢰를 주지도 못하고 받지도 못하는 사람은 인두겁은 썼지만 사람의 기능을 하기 어렵다는 것이다.

하다못해 도박을 하더라도 신뢰가 없다면 돈을 따겠다는 소기의 목적을 달성할 수 없다. 영 땅 사람과 장석이 묘기를 펼칠 수 있었던 까닭도 신뢰에 있다. 장석에 대한 신뢰가 없었다면 영 땅 사람은 공포심을 견디지 못하고 얼굴을 움직였다가 코를 다쳤을 것이다. 장석 역시 영 땅 사람에 대한 신뢰가 없었다면 마음껏 도끼를 휘두를 수 없었을 것이다.

스위스 설화에는 '빌헬름 텔'이라는 인물이 등장한다. 그는 사냥꾼으로 석궁의 장인이었다. 하루는 폭정을 일삼던 영주가 빌헬름 텔과 그의 아들 발터 텔을 나란히 광장에 세웠다. 광장 중앙에 걸린 영주의 모자에 인사를 하지 않았다는 이유에서였다. 영주는 발터 텔의 머리에 사과를 올려 두었다. 그리고 빌헬름 텔로 하여금 매우 먼 거리에서 석궁을 쏘게 하였다. 화살로 사과를 맞히면 죄를 용서해 주겠다는 것이었다. 빌헬름 텔은 석궁으로 아들의 머리 위에 놓인 사과를 명중시켰다.

물론 빌헬름 텔은 소문난 명사수였다. 하지만 아무리 명사수라도 아들의 머리 위를 쏘는 일은 쉽지 않았을 것이다. 빌헬름 텔에게는 아들이 자신을 믿고 움직이지 않을 것이란 확신이 있었다. 그리고 발터 텔에게는 자신이 섣불리 움직이지만 않는다면 아버지의 화살에 자신이 맞을 리 없다는 믿음이 있었다. 결국 부자의 상호 신뢰가 도저히 불가능해 보이는 일을 가능하게 만든 셈이다.

'누구도 믿지 말라'는 말이 마치 하나의 진리처럼 여겨지는 오늘날이다. 인생이라는 이름의 수레를 몰며 살아가는 세상에서, 믿음이라는 끌채를 떼어 내자고 하니 공자의 입장에서는 기막힐 노릇이다. 《논어》의 핵심 정신은 '인'이라는 한 글자에 오롯이 담겨 있다고 해도 과언이 아니다. 인이란 '결코 나 혼자 사는 세상이 아님을 잊지 않는 것'이다. 《논어》의 〈헌문〉에서 공자는 이렇게 말했다.

"남이 나를 속이리라고 미리 짐작하지 않고 남을 믿을 수 없는 사람이라고 억측하지도 않는다. 그러나 또한 먼저 깨닫는 것이 현명한 것이다."[79]

나 혼자만 잘 먹고 잘 살면 그만인 세상에서 아무도 믿지 않는 일은 하나의 승부수가 될 수 있다. 이런 세상에서 남을 믿고 남에게 신뢰를 주려는 사람은 오히려 바보 취급을 받기 십상이다. 하지만 내 의지와 무관하게 우리 모두는 함께 사는 세상을 살아가고 있다. 상생과 공존, 그리고 조화를 배제한다면 머지않아 멈춰 버리고 말 이곳, 인간 세상에서 과연 어느 길이 더 바람직한 승부수가 될지는 곰곰이 따져 볼 일이다.

상호 신뢰는 때때로 도저히 안 될 것만 같은 일을 성사시킨다. 믿음 없이는 아주 작은 일조차 실현될 수 없다. 먼저 스스로를 믿고 나를 믿듯이 남을 믿어 주는 일. 남에게 받은 믿음으로 다시 스스로에게 확신을 갖는 일. 어쩌면 우리의 예민함은 세상을 향한 신뢰를 재정비하라는 신호일지도 모른다. 가끔은 바보처럼 서로를 믿어 보는 것은 어떨까. 그 믿음이 새로운 국면의 시작이 될 수도 있다.

木 曜 日

4 장

고 대 하 는
목 요 일

·

"배울 줄 아는 사람이 군자"

어떻게 나이 들 것인가

'꼰대'와 '라떼는'이라는 말은 오늘날 세대 차이를 언급할 때 자주 사용된다. '꼰대'란 자신의 경험과 생각만이 옳다는 입장을 굳게 지키며 자신의 가치를 남에게 가르치려 하는 사람을 말한다. '라떼는'은 꼰대라 불리는 이들이 주로 쓰는 말을 변형한 표현이다. '나 때는 말이지'로 운을 떼는 것이 꼰대들의 공통된 행동 양식이라는 문제의식이 담겨 있다. 이 둘을 합쳐 아예 '꼰대라떼'라고 부르기도 한다.

얼핏 들으면 분위기 좋은 카페의 신메뉴 같기도 한 이 말은 기성세대에 대한 젊은이들의 실망을 투영하고 있다. 하지만 이미 '꼰대라떼'로 낙인찍힌 기성세대에게도 젊은 시절은 있었다. 젊은 시절부터 '나는 앞으로 꼰대라떼의 삶을 살아가야겠다'고 다짐하는 사람은 없다. 주어진 환경이 다르다 보니 각자 열심히 살았을 뿐인데도 어느 순간 생각의 차이가 생긴 것이다.

뒷 물결도 언젠간 앞 물결이 된다

지금의 젊은이들도 언젠가는 기성세대가 된다. 끊임없이 변화하는 세상 속에서 문득 새로운 시대가 왔음을 체감할 때, 과거의 내가 기피했던 모습으로 남고 싶은 사람은 아무도 없을 것이다. 기성세대에 대한 실망감은 잠시 내려놓자. 그 대신 앞으로 올 세대에게 자신이 느낀 실망감만은 안겨 주지 않기 위한 노력을 기울일 수 있다면 어떨까. 이런 고민은 마냥 기성세대에게 변화를 촉구하는 것보다 세상을 더 효율적으로 바꿔 나가는 계기가 될지도 모른다.

중국인의 《탈무드》로 알려진 책 《증광현문》에는 이런 시가 실려 있다.

"장강의 뒷 물결이 앞 물결을 밀어내니 앞 물결은 모래 여울에 스러지네. 뒷 물결의 좋은 시절은 얼마나 갈 것인가. 눈 깜짝할 새 도로 같은 모양이 되지 않겠는가. 앞 물결이 스러지지 않고 바다로 돌아가면 장차 꺼지지 않고 되살아나 다시 뒷 물결을 이루리."[80]

이 시에서 뒷 물결은 젊은 세대를, 앞 물결은 기성세대를 가리킨다. 젊은 세대의 시간도 언젠간 기성세대의 시간이 됨을 잊지 말라는 것이다.

"죽어 가는 노인을 보는 것은 불타는 도서관을 보는 것과 같다" 라는 아프리카의 속담이 있다. 젊은 세대가 기성세대를 지식과 지혜의 보고인 도서관을 대하듯이 바라볼 수 있다면, 기성세대가 도서관의 존재 이유처럼 다양한 삶의 가치를 젊은이들에게 물려줄 수 있다면 그런 세상은 아름다울 것이다.

도서관의 가장 큰 특징은 모든 사람에게 열려 있으면서 선택의 자유가 있다는 것이다. 만일 누군가의 손에 이끌려 별로 가고 싶지 않았던 도서관에 억지로 방문했거나 그다지 읽고 싶지 않은 책을 누군가 계속 권유한다면 도서관에 더 머무르고 싶지 않을 것이다. 이를 통해 도서관은 스스로 찾아오는 사람에게 도서관의 기능을 다한다는 것을 알 수 있다. 그리고 우리는 각자에게 알맞은 도서관을 가려낼 안목이 필요하다는 것을 알 수 있다.

공자께서 말씀하셨다.
"뒤에 오는 사람이 두려운 것이다. 나중에 오는 사람들이 지금보다 못할지 어떻게 알겠는가? 그러나 사십, 오십 세가 되어서도 한 소식 하지 못한다면 그 또한 두려워할 게 없다."[81]

— 《논어》〈자한〉

변화가 빨라지면서 앞 물결과 뒷 물결을 구분하기가 모호한 세상이 되었다. 나이는 숫자에 불과하고 한 사람의 경험이 지니는 가치는 점차 작아지고 있다. 세상은 진화하고 사람도 진화한다. 나보다 진화된 존재가 나를 쫓아올 때 인간은 두려움을 느낄 수밖에 없다. 그러므로 현명한 사람은 다가오는 세대를 두려워하여 잘 대우하지만 지혜롭지 못한 사람은 그들을 무시하고 밀어낸다. 앞 물결이 뒷 물결을 밀어낼 수 없는 것은 자연의 순리다. 뒷 세대를 배척하는 앞 세대는 시대를 역행하는 세대라고 해도 과언이 아니다.

'들리다'는 뜻으로 잘 알려진 한자 문聞에는 '안다知'는 의미도 담겨 있다. 공자가 "사십이나 오십이 되었음에도 아는 것이 없는 사람은 더 이상 두려워하지 않아도 좋다"라고 말하는 까닭은 사십이나 오십이 뒷 물결에서 앞 물결로의 전환이 이루어지는 시기이기 때문이다. '살 만큼 살았는데 왜 저러나' 싶은 생각이 드는 사람이 있다. 어쩌면 그런 사람이야말로 좋은 스승일 수 있다. 훗날 내가 사십이나 오십이 되었을 때 저런 사람으로 남아서는 안 되겠다는 교훈을 얻을 수 있기 때문이다.

물결은 서로를 배척하는 법이 없다

공자가 아는 것의 중요성을 강조했다면 장자는 구체적으로 무엇을 알아야 하는지를 설명한다.

나이가 많으면서도 일의 경위와 본말을 뒤에 올 사람들에게 보여주지 못한다면 그는 선배가 아니다. 사람으로서 선배가 될 수 없다면 사람으로서의 도리를 못하는 것이다. 사람으로서의 도리를 못한다면 그런 사람을 낡아 빠진 사람이라고 한다.[82]

— 《장자》〈우언〉

안다는 것은 보여 주는 것이며 알아야 보여 줄 수 있다. '백 번 들려주는 것이 한 번 보여 주는 것만 못하다'는 뜻의 백문불여일견 百聞不如一見에는 실천으로 보여 주는 교육의 위대함이 여실하게 담겨 있다. 장자는 경위본말經緯本末을 보여 줄 수 있는 사람이 선배라고 말한다. 경위란 '지내 온 내력을 묶은 것'이며 본말이란 '더 중요한 일과 덜 중요한 일'이다. 그러므로 선배란 '더 중요한 부분과 덜 중요한 부분이 무엇인지를 잘 가려서 쓴 자신의 삶의 경위서를 뒤에 오는 사람에게 보여 줄 수 있는 사람'이다.

중요한 사실은 시대의 흐름에 따라 더 중요한 것과 덜 중요한 것이 끊임없이 바뀐다는 것이다. 그러므로 시대의 변화를 잘 파악하여 훌륭한 경위서를 넘겨줄 수 있는 사람은 선배가 되며 그렇지 못한 사람은 낡아 빠진 사람이 된다.

《장자》에는 다음과 같은 대목이 실려 있다.

"진실함이란 정성의 지극함에 있다. 정성되지 못하면 성실하지 못하게 되고 그러면 남을 움직일 수 없다. 억지로 곡하는 사람은 비록 슬픈 체하여도 슬프게 느껴지지 않는다. 억지로 화난 체하는 사람은 비록 엄하게 굴더라도 위압감이 느껴지지 않는다. 억지로 친한 체하는 사람은 비록 웃더라도 친밀하게 느껴지지 않는다. 진실로 슬픈 사람은 소리를 내 울지 않아도 슬프게 느껴진다. 진실로 화난 사람은 성내지 않아도 위압감이 느껴진다. 진실로 친한 사람은 웃지 않아도 친밀하게 느껴진다. 내면에 진실함이 있는 사람은 정신이 밖으로 발동된다. 이것이 진실함이 귀중한 이유다."[83]

─────── 《장자》〈어부〉

선배와 꼰대의 차이는 정성스럽고 진실한 마음에 있다. 남을 가르치고 나를 드러내고자 하는 마음이 앞선다면 그런 사람의 말과 행동에는 정성스러움과 진실함이 오롯이 담길 수 없다. 하지만 진정으로 후배를 위하는 선배라면 꼭 말과 행동이 아니더라도 마음을 통해 그의 진심이 전달될 수 있다.

영원히 앞 물결일 수도 없고 언제까지나 뒷 물결일 수도 없다. 늘 앞선 사람도 없고 항상 뒤처진 사람도 없다. 모래톱에 스러지는 슬픔 대신 뒷 물결을 진심으로 응원하는 기쁨에 사로잡힌 앞 물결은 바다로 돌아가 새로운 뒷 물결을 이룰 것이다. 빨리 앞 물결을 밀어내야겠다는 조바심 대신 아직 파도를 이루지도 못한 물방울들에게 진심으로 좋은 모습을 보여 주려는 뒷 물결은 아름다운 바다를 만드는 데 이바지할 것이다. 물결이 서로를 배척하여 갈라지는 법은 없다. 앞 물결과 뒷 물결이 조화롭게 일렁이는 세상, 앞서 간 사람과 뒤따르는 사람이 화합할 수 있는 세상. 서로 끊임없이 배워 나갈 수만 있다면 얼마든지 그런 세상을 꿈꿀 수 있다.

배우지 않는 사람이 최하다

내가 다녔던 중학교에는 두발 규정이 있었다. 빗자루로 마당을 쓸려는 찰나 '청소 좀 하라'는 소리를 들으면 나도 모르게 빗자루를 내려놓게 되는 것처럼, 머리카락을 자르라고 닦달할수록 이발을 하고 싶은 마음은 사라졌다. 금지와 강제는 더 심한 욕망으로 귀결된다는 사실을 당시에는 잘 알지 못했다.

하루는 참다못한 담임 선생님이 두 팔을 걷어붙이고 소리쳤다. "우리 반에 규칙을 우습게 아는 녀석들이 몇 있는 것 같다. 한 놈씩 이리 와 서!" 나를 포함해 다섯 명의 학생이 교실 앞으로 불려 나갔다. 두 눈을 치켜뜬 선생님의 손에는 가위가 들려 있었다. 선생님은 한 친구의 구레나룻을 움켜잡았다. '싹둑' 소리가 고요한 새벽의 초침 소리처럼 크게 들렸다. 교실 바닥이 잘려 나간 머리카락으로 어질러졌다.

바닥에 머리카락이 쌓일수록 내 마음속의 반항심도 커져 갔다. 나는 생각했다. 오늘 이 자리에서 망부석이 되면 되었지 한 발자국도 움직이지 않겠다고. 나는 선생님이 가까이 다가오라는 소리에 대꾸도 하지 않고 한참을 그대로 서 있었다. 선생님이 내게 말했다. "당장 이 교실에서 나가." 선생님의 말이 채 끝나기도 전에 나는 내 자리에 걸려 있던 가방을 낚아챘다.

무작정 학교를 뛰쳐나온 나는 근처 피시방으로 향했다. 시간이 지나도 감정이 가라앉기는커녕 오히려 더 고조되었다. 나는 난생처음으로 교육청 홈페이지에 들어가 장문의 투서를 했다. 그날 이후로 한동안 조회와 종례 시간은 물론 담임 선생님의 수업에도 들어가지 않았다.

그러던 어느 날 교감 선생님이 불쑥 나를 찾았다. 교감실의 문을 열고 들어가니 그곳엔 담임 선생님이 이미 와 계셨다. 선생님은 이렇게 말했다. "네가 쓴 글은 잘 읽어 보았다. 글을 참 잘도 써 놓았더구나. 교감 선생님, 제가 선생을 그만두는 한이 있더라도 이 녀석 버르장머리는 좀 고쳐 놔야 되겠습니다." 선생님의 목소리에는 단호함이 깃들어 있었다. 그 순간 머릿속에 담임 선생님의 어린 두 딸이 떠올랐다. 선생님이 나 때문에 일을 그만두게 되면 두 딸은 어떻게 하나 싶은 걱정이 들었다. 나는 교감 선생님에게 내일까지 머리를 깎고 오겠노라 약속했다. 그날 학교를 마치고 나는 머리를 빡빡 밀어 버렸다.

대학에 들어가고 얼마 지나지 않아 나는 와인 한 병을 사 들고 담임 선생님을 찾아갔다. 사과를 하고 싶었기 때문이다. 중학교 새 학기 첫날, 선생님은 나를 학교 앞 분식집으로 데려가 이렇게 말했다. "일 년 동안 잘해 보자. 특히 힘없고 잘 어울리지 못하는 친구들, 적어도 우리 반엔 없도록 네가 신경 좀 써 주라." 지금도 가끔 그 말이 머리에 맴돌았다. 반 분위기를 잘 만들어 가자는 선생님의 제안을 받고도 오히려 앞장서서 흐렸던 것이 여전히 부끄러움으로 남아 있다. 오랜만에 선생님을 마주하자 어색한 기운이 감돌았다. '죄송하다'는 말이 입술 끝에서 좀처럼 떨어지질 않았다. 말없이 와인을 내미는 나를 보며 선생님은 이렇게 물었다. "이거 나 주는 거야?" 내가 고개를 끄덕이니 선생님은 피식 웃고 말았다.

나의 잘못을 부끄러워하고
남의 잘못을 미워하는 마음

학생인권조례가 통과된 이래로 학생의 두발을 규정하는 일이 이상한 시대가 되었다. 과거엔 으레 그랬던 것이 지금은 절대 그래선 안 되는 것이 되고, 과거엔 용인되지 않았던 것이 지금은 당연하게 받아들여지는 것은 하루 이틀의 일이 아니다. 이처럼 언제든 쉽게 변할 수 있는 것을 기준으로 삼으면 세상은 혼란스러워진다. 하지만 쉽게 변하지 않는 것을 기준으로 삼으면 세상은 저절로 질서를 찾게 된다.

공자와 장자 역시 쉽게 변하지 않는 가치에 주목했던 철학자다.

공자께서 말씀하셨다.
"태어나면서부터 아는 사람은 최상이고 배워서 아는 사람은 그다음이고 어려움을 겪으면서 배우는 자는 또한 그다음이나, 어려움을 겪으면서도 배우지 못하는 그런 사람은 곧 최하가 된다."[84]

──────── 《논어》〈계씨〉

교권과 학생 인권, 상사와 부하 직원 간의 위계 등 세상을 살다 보면 피할 수 없는 여러 가지 인간관계를 맞닥뜨리게 된다. 학생의 인권과 교권이 균형을 잡지 못해 혼란스러운 오늘날, 쉽게 변하지 않는 가치란 무엇인가를 고민하는 일은 우리 모두의 과제가 되었다. 쉽게 변하지 않는 가치는 부끄러움을 아는가 모르는가로부터 발견할 수 있다. 그러므로 공자의 말은 이렇게 재해석할 수 있다.

"태어나면서부터 부끄러운 감정을 느끼지 않도록 스스로를 절제할 수 있는 사람은 최상이다. 무엇이 부끄러움을 유발하는지 배움으로써 부끄러움을 최소화하며 살아가는 사람은 차상이다. 부끄러운 일을 겪고 나서 적어도 같은 종류의 부끄러움만은 면하고자 노력하는 사람 역시 최상 또는 차상으로 나아갈 가능성이 있다. 하지만 부끄러운 일을 겪고도 부끄럽다는 것조차 모르는 사람은 최하다."

나의 잘못을 부끄러워하고 남의 잘못을 미워할 줄 아는 마음을

'수오지심'이라고 부른다. 맹자 또한 이것이 사람을 사람답게 만드는 근본 전제 중 하나라고 이야기한 바 있다.

　이발사도 아닌 교사가 학생의 머리카락을 멋대로 자른 것은 미움받아 마땅한 잘못이다. 하지만 내가 선생님의 믿음을 저버리고 도리어 선생님을 투서한 것 역시 부끄러워해야 마땅한 일이다. 남의 잘못을 미워할 줄만 알고 나의 잘못을 부끄러워할 줄 모른다면, 반대로 나의 잘못을 부끄러워할 줄만 알고 남의 잘못을 미워할 줄 모른다면 정의는 실현될 수 없다. 나의 잘못을 부끄러워할 줄 알고 남의 잘못도 미워할 수 있을 때 비로소 정의는 빛을 발한다. 어쩌면 오늘날 불거지는 많은 갈등의 본질은 한쪽으로 치우친 수오지심에 있는 것일지도 모른다.

수오지심으로 군자의 길을 따른다

《장자》에는 다음과 같은 안회와 공자의 대화가 실려 있다.

안회가 공자에게 말했다.

"선생님께서 걸으시면 저도 걷고 선생님께서 빨리 걸으시면 저도 빨리 걷고 선생님께서 뛰시면 저도 뜁니다. 그러나 선생님께서 먼지도 남기지 않고 달려 버리시면 저는 뒤에서 눈만 빤히 뜨고 있을 따름입니다."

공자가 무슨 말이냐 묻자 안회는 이렇게 대답했다.

"걷는다는 것은 말씀하신단 뜻입니다. 선생님이 말씀을 하시면 저는 대답을 합니다. 빨리 걷는다는 것은 이론을 펴신단 뜻입니다. 선생님이 이론을 펴시면 저도 그에 맞는 이론을 펼 수 있습니다. 뛴다는 것은 이론을 실천에 옮기신다는 뜻입니다. 선생님이 이론을 실천에 옮기시면 저도 선생님의 행실을 잘 보고 배워서 따라 할 수 있습니다. 먼지도 남기지 않고 달려 나가신다는 것은 별말 없이도 남들에게 믿음을 받고 구태여 남들과 친하게 지내려 애쓰지 않아도 남들이 먼저 따르고 벼슬이나 권력이 없는데도 사람들이 알아서 굴복해 온다는 뜻입니다. 다른 건 따라 할 수 있겠지만 이것만큼은 도저히 따라 할 수 없어 저는 그저 눈만 빤히 뜨고 바라볼 따름입니다."[85]

————— 《장자》〈전자방〉

나의 잘못을 부끄러워할 줄 알고 남의 잘못도 미워할 줄 아는 사람은 대단한 웅변을 늘어놓지 않더라도 남들의 믿음을 산다. 남들과 친하게 지내고자 특별한 노력을 기울이지 않아도 남들이 먼저 다가온다. 이렇다 할 지위나 권력이 없더라도 사람들이 그를 존중한다. 이는 공자가 말하는 '최상의 생지(태어나면서부터 아는 사람)'이며 안회가 말하는 '먼지도 남기지 않고 달려 나갈' 준비를 갖춘 사람이다.

나의 잘못을 부끄러워할 줄은 알지만 남의 잘못은 미워할 줄 모르는 것은 반쪽짜리 수오지심이다. 이런 사람은 자신의 삶에서 부끄러운 일이 생기지 않도록 배운 것을 실천에 옮긴다. 스스로를 엄격히 관리하며 잘 살아가는 듯 보이나 온전한 수오지심을 가진 사람 앞에 서면 그저 눈만 빤히 뜨고 그의 뒷모습만 바라볼 따름이다. 남의 잘못을 미워할 줄 모르기 때문이다.

남의 잘못을 미워하는 데만 힘쓴다면 이 역시 반쪽짜리 수오지심이다. 이들은 자신의 삶에서 부끄러운 일이 반복되지 않기를 바라지만 자신을 돌아보려는 마음보다 남을 비난하고 싶은 마음이 앞서 때때로 스스로를 돌아보지 못한다. 남의 눈의 티끌은 귀신같이 알아채는 반면 내 눈의 들보는 보지 못하는 셈이다. 눈에 들보가 실려 있으니 빨리 걷기는 하되 결코 뛸 수는 없다.

나의 잘못도 부끄러운 줄 모르고 남의 잘못도 미워할 줄 모른다면 이는 공자가 말하는 최하의 사람이다. 이런 사람은 '수오지심의 부재 상태'라고 해도 과언이 아니며 묻는 말에만 간신히 대답할 뿐이다. 이들의 가장 큰 비애는 어떠한 가능성도 찾아볼 수 없다는 데 있다.

좋은 사람은 뭘 해도 예뻐 보이고 싫은 사람은 뭘 해도 미워 보이는 것이 사람의 마음이다. 이 마음을 절제할 수 있을 때 비로소 수오지심이 생긴다. 남의 잘못을 미워하기 전에 진심으로 내 잘못을 부끄러워하고, 내 잘못을 부끄러워하는 만큼 남의 잘못을 미워할 수 있다면 오늘날 많은 문제는 해결될 수 있을 것이다. 배우지

않고도 난사람은 드물다. 하지만 나의 잘못을 부끄러워하며 배우고
또 남의 잘못을 미워하며 배운다면 누구나 참된 사람으로 거듭날
수 있다.

서로가 서로의 스승이 되는 길

불교의 경전 《반야심경》의 260자를 다섯 글자로 줄이면 일체유
심조一切唯心造가 된다고 한다. '세상 일체가 오로지 마음이 지어낸
것'이라는 뜻이다. 그래서 반야심경을 한 글자로 줄이면 '심心'이 된
다고도 한다. 이런 까닭에 많은 사람이 불교 철학이라고 하면 자연
스레 '마음'을 떠올리는 것 같다.

어쩌면 반야심경의 정수는 심心 한 글자에 오롯이 담겨 있는지
도 모른다. 하지만 불교 철학 전체를 심 한 글자로 표현하기에는 무
리가 있다. 우리에게 부처로 잘 알려진 싯다르타는 사실 자비나 마
음보다는 철저하게 괴로움에 천착했던 인물이기 때문이다. 싯다르
타는 모든 인간이 생로병사의 사고四苦로부터 자유로울 수 없다는
사실에 관심을 기울였다. 생로병사란 '태어나 늙고 병들어 죽음'을

뜻하며 사고란 생로병사에 따른 네 가지 괴로움, 즉 생고生苦, 노고老苦, 병고病苦, 사고死苦를 말한다.

또 싯다르타는 애별리愛別離, 원증회怨憎會, 구부득求不得, 오음성五陰盛의 네 가지 괴로움으로부터 어떻게 벗어날 수 있을 것인가에 집중했다. '애별리'란 사랑하는 사람과의 헤어짐, '원증회'란 미워하는 사람과의 만남이다. 그래서《법구경》에는 "사랑하는 것을 향해 가지 말고 사랑하지 않는 것을 만들지도 말라. 사랑하는 것은 보지 못하면 근심하게 되고 사랑하지 않는 것을 보더라도 근심하게 된다"라는 구절이 있다.[86] '구부득'이란 구하더라도 얻지 못함을 뜻하며 '오음성'[87]이란 육체의 감각과 마음의 작용이 왕성함을 뜻한다. 생로병사의 사고에 이 네 가지를 더하여 팔고八苦라 부른다.

생로병사의 네 가지 괴로움이 자연 발생하는 괴로움이라면 애별리, 원증회, 구부득, 오음성은 우리가 맺는 여러 관계에서 발생하는 괴로움으로 봐도 무방하다. 싯다르타는 이 여덟 가지 괴로움을 자아내는 주체가 인간의 마음인 경우가 많다고 하였다. 그래서 최대한 자유롭게 살기 위해서는 끊임없이 우리의 마음을 돌아보아야 한다고 조언했다.

세상 만물에서 배우다

공자는 마음을 효과적으로 다스리기 위해서 우리의 삶에 관점의 전환이 필요함을 역설한다.

공자께서 말씀하셨다.
"세 사람이 길을 가더라도 반드시 거기에는 나의 스승이 있다. 그
선한 것은 가려서 따르고 그 선하지 못한 것은 고친다. 그 좋은 것
은 가려서 따르고 그 좋지 못한 것은 고친다."[88]

——— 《논어》〈술이〉

공자는 왜 하필 세 사람을 강조한 것일까 하는 궁금증을 지우기
어렵다. 《도덕경》에는 "도는 일을 내고, 일은 이를 내며, 이는 삼을
내고, 삼은 만물을 이룬다"[89]라는 대목이 있다. 물론 이 대목에 대한
철학적 해석은 그리 간단하지 않지만 동양에서 3이라는 숫자가 만
물을 상징할 수 있다는 사실만큼은 어느 정도 유추할 수 있다. 그러
므로 '세 사람이 길을 가더라도 거기에는 반드시 내 스승이 있다'는
공자의 진술은 '세상 만물이 내 스승이 될 수 있다'는 말로 받아들
여질 수 있다.

'그 좋은 것은 가려서 따르고 그 좋지 못한 것은 고친다'는 공자
의 말에는 어떻게 세상 만물이 나의 스승이 될 수 있는지에 대한
근거가 담겨 있다. 세상엔 장점만 있는 사람도 없고 단점만 있는 사
람도 없다. 사랑하지만 떨어질 수밖에 없는 애별리의 괴로움을 주
는 사람에게도 단점은 있다. 밉지만 만나지 않을 수 없는 원증회의
괴로움을 안겨 주는 사람에게도 장점은 있다. 하지만 사랑하는 사

람에게는 마냥 장점만 보이고 미워하는 사람에게는 줄곧 단점만 보이는 게 인지상정이다.

누구보다 사람의 마음을 잘 관찰했던 공자가 이런 사실을 몰랐을 리 없다. 좋은 사람과는 잠시도 떨어지기 싫고 미운 사람과는 영원히 마주하고 싶지 않다는 생각이 드는 게 자연스럽다는 것을 공자 역시 잘 알고 있었다. 하지만 공자는 그렇게 살아갈 수는 없다는 사실에 주목했다. 내가 좋아하는 사람하고만 어울려 살 수는 없으며 내가 좋아하는 사람이 반드시 나를 좋아하리란 보장은 더욱 없다. 그리고 무엇보다 관계란 항상 변하는 것이다. 어제까지만 해도 좋아서 죽고 못 살던 사람이 당장 내일부터는 꼴도 보기 싫은 사람이 될 수도 있다.

열 손가락을 깨물어도 유독 더 아픈 손가락이 있다. 사람도 마찬가지다. 세 사람만 모여도 더 좋은 사람과 덜 좋은 사람이 있고 더 미운 사람과 덜 미운 사람이 있다. 모든 관계는 상대적이기 때문이다. 특별히 좋아하는 사람과 미워하는 사람이 생기지 않도록 마음을 잘 다스려야 한다는 것이 싯다르타의 조언이라면 공자의 조언은 보다 현실적이다. 좋아하는 사람들하고만 어울리려는 것은 욕심이다. 미운 사람들과는 어울리고 싶지 않다는 생각은 아집에 다름없다. 공자는 좋은 사람과 미운 사람을 가리는 대신 세상 모두를 나의 스승으로 여기어 줌이 어떻겠느냐고 묻는다.

대체로 스승이라고 하면 으레 자격이 있는지부터 살피는 것이 사람의 심리다. 그래서 위인전에 이름이 실려도 이상하지 않을 인물을 스승이라고 하면 사람들은 고개를 끄덕인다. 하지만 납득할 수 없는 행동을 하거나 사회적으로 물의를 빚은 사람을 스승이라고 하면 사람들은 고개를 절레절레한다.

중국의 시가집 《시경》에는 '학이 우네'라는 뜻의 〈학명鶴鳴〉이라는 시가 실려 있다. 이 시에는 이런 대목이 등장한다.

"다른 산의 돌로 숫돌을 삼을 수도 있다. 다른 산의 돌로 옥돌을 갈 수도 있다."[90]

이 대목은 훗날 타산지석他山之石의 유래가 된다. 타산지석이란 다른 산에 굴러다니는 거칠고 나쁜 돌이라도 그것으로 나의 옥을 갈 수 있다는 뜻이다. 다른 사람의 보잘것없는 말이나 행동이라도 그것은 나의 행실을 옥처럼 갈고닦는 숫돌이 될 수 있다. 어쩌면 그 숫돌에는 이렇게 적혀 있을지도 모를 일이다. '적어도 저렇게는 하지 말아야겠다.' 이런 관점에서 보면 훌륭하다고 칭송받는 사람은 물론, 형편없다며 손가락질받는 사람도 모두 나의 스승이 된다.

마지막으로 공자는 묻는다. 우리가 진정 해야 할 일은 좋고 나쁘다며 끊임없이 사람들을 규정하는 대신 누가 됐든 그의 좋은 점은 골라서 따르고 좋지 못한 점은 고치는 것 아니겠느냐고. 먼저 나의 생각과 행실을 살펴서 그의 좋은 점이 내게 없다면 좇아 배우고, 그의 미운 점이 내게도 있다면 어떻게든 개선하고자 노력하는 일. 서로가 서로의 스승이 되는 길은 여기에 달려 있다.

스스로의 어리석음을 깨닫는 일

공자가 모두가 서로의 스승이 되어 주는 세상을 꿈꿨다면 장자는 그런 세상을 만들기 위해 필요한 마음가짐을 제시한다.

그 자신이 어리석음을 아는 사람은 크게 어리석은 것은 아니다. 그 자신이 미혹된 것을 아는 사람은 크게 미혹된 것은 아니다. 크게 미혹된 자는 평생토록 자신의 잘못을 이해하지 못하고 크게 어리석은 자는 평생토록 자신의 그릇됨을 깨닫지 못한다. 세 사람이 길을 가는데 한 사람만 미혹되어 있다면 목적지로 갈 수 있다. 그것은 미혹된 자가 적기 때문이다. 세 사람 가운데 두 사람이 미혹되어 있다면 수고만 할 뿐 목적지에 다다르지 못한다. 그것은 미혹된 자가 우세하기 때문이다.[91]

———— 《장자》〈천지〉

자신이 병에 걸려 있다는 스스로의 깨달음을 '병식病識'이라고 한다. 스스로의 어리석은 면을 아는 사람은 자신이 모르는 것이 있을 때 '모르겠다'고 대답한다. 하지만 스스로에게 어리석은 면이 있음을 모르는 사람은 자신이 모르는 것에도 일단 '안다'고 대답한다. 자신의 부족한 면을 부끄러워하기만 할 뿐 인정하려고 들지 않기 때문이다. 스스로의 어리석음을 자각한 사람은 크게 어리석지 않다. 이들에게는 어리석음에서 벗어날 희망도 있다. 하지만 정말 어리석은 사람은 자신이 어리석다는 '병식' 자체가 없다. 이런 사람으로부터는 장차 호전되리라는 희망을 발견하기가 어렵다.

지난날을 돌이켜 보며 '나는 어리석지도 않고 무엇에도 홀리지 않았는데 다만 세상의 다른 사람들이 어리석고 홀려 있을 뿐'이라고 불평한 적은 없었던가 반성하게 된다. 예쁜 사람에게도 단점은 있고 미운 사람에게도 장점은 있듯이 누구나 조금씩은 어리석고 약간씩은 홀린 듯 살아간다. 어쩌면 크게 어리석고 크게 미혹된 사람은 다른 누구도 아닌 나 자신일지도 모른다. 나의 어리석음을 자각하지 못했다면, 스스로의 상태를 입증할 방법은 사실상 없기 때문이다.

어리석음과 미혹됨에 대한 병식을 가진 사람이 많아질수록 서로가 서로의 스승이 되는 세상에 가까워질 수 있다. 하지만 크게 어리석은 사람이 우세한 세상은 혼란스럽기만 할 뿐 공자가 꿈꾼 세상과 가까워질 수 없다. 어떤 세상을 만들어 갈지는 각자가 스스로의 어리석음과 미혹됨을 얼마나 잘 알고 있는가에 달려 있다.

말과 지식에 집착하면
한계에 봉착한다

일본에 있는 약물중독 치료 공동체 '다르크DARC'에 방문한 일이 있다. 다르크란 '마약중독 재활 센터Drug Addiction Rehabilitation Center'의 준말이다. 현재 일본에는 백여 개에 달하는 다르크가 있고 우리나라도 김해, 경기, 인천 등지에서 다르크를 운영하고 있다.

당시 나는 중독학 박사 과정생의 자격으로 일본 다르크를 방문했다. 정부나 학교에서 나를 콕 집어 파견한 것은 아니지만 우리나라의 체면이 내 어깨에 달려 있다는 생각을 지울 수 없었다. 함께 간 동료들과 몇 날 며칠 머리를 맞대고 다르크에 관한 정보를 취합했다. 수십 가지에 달하는 질문 목록을 만들고 일본어로 번역을 하느라 진땀을 빼기도 했다.

하지만 우리의 고생은 별 빛을 발하지 못했다. 다르크 방문 첫날에 나는 미카와 지역의 다르크 센터장에게 질문 세례를 퍼붓다시피 했다. 주로 일본의 약물 중독 현황, 이와 관련된 제도, 다르크의 구체적인 역할 등에 관한 질문들이었다. 센터장은 나의 물음에 성심껏 답변했다. 그러나 질문이 길어질수록 그는 어딘지 모르게 불편해 보였다.

지식을 뽐내려 하지는 않았는가

통역관에게 혹시 결례가 있었던 것은 아닌지 물어봐 주기를 부탁했다. 그러자 센터장은 이렇게 대답했다.

"결례라니요. 결례될 것은 아무것도 없습니다. 다만 이 말씀은 드리고 싶네요. 많은 중독자들이 지식 때문에 중독에서 벗어나지 못합니다. 자신의 지식을 믿고 스스로 해결하려다 악화되는 경우가 많지요. 게다가 정책이나 제도상의 문제는 우리의 소관이 아닙니다. 우리의 일은 중독자들의 곁에서 낮에도 밤에도 함께하는 것이지요. 우리는 그것에 의미를 둡니다."

센터장의 말을 듣자 내 마음에 어떠한 부끄러움이 밀려왔다. 알코올 중독자였던 나도 그랬다. 부모나 선생님은 물론 의사나 전문가들의 말도 귀에 잘 들어오지 않았다. 오죽하면 성당의 신부님까지 나서서 '사람답게 살려면 필히 술을 끊어야 한다'라며 만류했다. 그럴 때마다 나는 '알겠다'는 말로 일관하고 돌아서기가 무섭게 술을 마셨다. '당신들보다 내가 술에 대해서 더 잘 안다'는 생각에서였다. 이는 센터장이 말한 것처럼 술에 대한 내 '지식'을 믿었던 것이다. 또 나는 언제든지 마음만 먹으면 술을 끊을 수 있으리라 확신했다. 그러나 번번이 실패했다. 내 생각대로 하면 될 것이라는 '교만' 때문이었다. 지식과 교만으로 장장 10여 년을 중독이라는 감옥에 갇혀 있었던 사람이 바로 나였다.

센터장의 말을 듣고 나는 들고 있던 질문지를 반으로 접었다. 보고 듣고 배우러 온 것이지 내 지식을 뽐내러 온 것이 아님을 깨달았기 때문이다. 나는 수준 높은 질문으로 어떻게 하면 일본 전문가들의 코를 납작하게 해 줄 것인가를 고민했다. 하지만 지식과 교만을 걷어 내자 보이지 않고 들리지 않던 것이 눈과 귀로 들어왔다. 중독자들의 생활이 보이기 시작했고 그들의 말이 들리기 시작했다. 그렇게 나는 일본 중독자들의 삶을 눈과 귀에 담을 수 있었다. 첫날 센터장의 말에서 깨침을 얻지 못했다면 불가능했을 일이다.

의술이 뛰어나 봐야 병이 없는 것만 못하다

어떻게 해야 우습게 보이지 않을 수 있을까, 어떻게 해야 이길 수 있을까, 어떻게 상대방의 기를 꺾을 수 있을까. 이런 것들을 고민하다 보면 나도 모르게 긴장한 상태로 살아가게 된다. 공자와 장자는 긴장 해소에 필요한 몇 가지 지혜를 이야기한다.

공자께서 말씀하셨다.

"송사를 듣고 판결하는 것은 나도 남과 같으나 그보다 나는 반드시 소송이 없도록 할 것이다."[92]

——————《논어》〈안연〉

한때 공자는 노나라의 대사구였다. 대사구란 오늘날의 법무부장관 정도에 해당하는 직책이다. 지혜로운 공자가 대사구를 맡고 있었다지만 그렇다고 해서 크고 작은 분쟁이 없었을 리 만무하다. 제정된 법을 어겨 남에게 피해를 주는 사람도 있었고 억울함을 토로하며 남을 고발하는 일도 많았다. 대사구로서 공자의 임무는 이러한 분쟁을 최대한 공정하게 해결하는 것이었다.

어제와 비슷한 분쟁이 오늘 또 발생하고 오늘 해결한 분쟁이 내일 새로운 양상으로 다시 불거지는 경우를 공자는 숱하게 보았다. 공자는 자문했다.

'이렇게 가다간 평생을 쉬지 않고 분쟁만 해결하더라도 끝이 없겠다. 이미 생긴 다툼을 해결하는 일에만 힘을 쏟는다면 내가 다른 나라의 대사구들과 다를 게 무엇이란 말인가. 나는 장차 다툼이 없는 세상을 만드는 데 이바지하고 싶다.'

《한서예문지》[93]에는 《갈관자》[94]라는 책이 등장한다. 이 《갈관자》의 〈세현〉에는 위나라 문왕과 명의로 소문난 편작의 대화가 실려 있다. 위나라 문왕이 편작에게 물었다. "당신과 당신의 맏형과 당신의 둘째 형, 이 셋 중 누가 가장 뛰어난 의원인가?" 편작이 답했다. "맏형의 실력이 가장 좋고 둘째 형이 그다음이며 제가 가장 아래입니다." 문왕이 말했다. "그렇게 말하는 이유를 들을 수 있겠는가?"[95]

편작이 답했다. "맏형은 신처럼 병을 알아차리기 때문에 겉으로 증세가 나타나기도 전에 이미 병의 뿌리를 뽑아냅니다. 그래서 집 밖으로 명성이 나돌지 않습니다. 둘째 형은 증상이 털끝처럼 미약할 때부터 알아차리고 병을 치료하기 시작합니다. 그래서 둘째 형의 명성도 마을 밖으로 나돌지 않습니다. 그런데 저 편작은 환자의 병이 도질 대로 도진 다음에야 부랴부랴 혈맥에 침을 놓고 독한 약을 보내며 살가죽을 쨉니다. 그 와중에 제 이름이 여러 제후들에게 알려지게 되었습니다."[96]

아무리 뛰어난 의술이 있더라도 뛰어난 의술을 사용할 일이 없게 하는 것만은 못하다. 또 뛰어난 의술을 사용할 일이 없는 게 애초에 병이 없도록 하는 것만은 못하다. 공자의 문제의식도 이와 같았다. 많은 분쟁을 잘 해결하는 것이 분쟁이 적은 것만 못하고 분쟁이 적도록 하는 것이 다툼이 없는 것만 못하다는 게 공자가 내린 결론이었다. 그래서 공자는 소송이 필요하지 않은 세상, 다툼이 없는 평화로운 세상을 꿈꾸게 되었다.

"법대로 해"라는 말이 판을 치는 오늘날이다. 대화로 원만하게 해결할 수 있는 일도 소송을 하고 재판을 벌이는 경우가 허다하다. 명판사, 명검사, 승소율이 높은 변호사도 있다. 그래도 다툼이 없는 평화로운 세상만은 못한 것이 사실이다. 양보할 수 없다는 마음이

다툼을 부르고, 이겨야 한다는 생각이 분쟁을 조장하며, 타협은 없다는 생각이 재판으로까지 이어진다. 그 과정에서 나도 다치고 남도 다치며 세상도 다친다.

공자에게는 누구보다 현명하게 송사를 처리할 자신이 있었다. 하지만 공자는 무엇보다 송사를 벌이지 않아도 괜찮은 세상을 바랐다. 그러기 위해서는 한 사람 한 사람이 보다 성숙한 인격을 갖출 필요가 있었다. 입장을 바꿔 생각해 보는 역지사지의 마음, 얼마간 손해를 보더라도 양보할 수 있는 사양지심, 이번에 내가 한발 물러난다면 다음엔 누군가가 나를 위해 한발 물러나 줄 것이라는 믿음과 희망까지. 공자가 주목했던 것은 송사를 분명히 처리하는 것보다 예禮의 마음에 기반한 성숙한 인격의 형성이었다.

날 선 태도와 말을 삼가라

공자가 성숙한 인격을 강조했다면 장자는 송사 그 자체의 폐단을 지적했다.《장자》〈마제〉에는 말을 조련하는 데 뛰어났던 백락이라는 인물이 등장한다.

"말은 발굽으로는 서리와 눈을 밟고 털로는 바람과 추위를 막는다. 풀을 뜯고 물을 마시며 발을 높이 들고 땅을 달린다. 이것이 말의 참된 본성이다. 비록 높은 누대와 궁궐처럼 큰 집이 있어도 말에게는 소용이 없다. 백락이라는 사람이 나와서 '나는 말을 잘 다스린다'고 하며 말에 낙인을 찍고 털을 깎고 발굽을 다듬고 굴 레를 씌우고 고삐와 띠를 맨 다음 구유가 딸린 마구간에 넣었다. 그러자 살지 못하고 죽는 말이 열 마리 가운데 두세 마리나 되었 다. 또 말을 굶주리게도 하고 목마르게도 하고 질주하게도 하고 갑자기 뛰게도 하고 가지런히 발 맞춰 걷게도 하고 나란히 줄지어 걷게도 했다. 말 앞에는 거추장스럽게 붙인 재갈과 머리 장식이 있게 되었고 말 뒤에는 채찍의 두려움이 있게 되었다. 그러자 살 지 못하고 죽는 말이 절반도 넘게 되었다.[97]

(…)

말이란 뭍에 살 땐 풀을 먹고 물을 마시며 기쁘면 서로 목을 맞대 어 비비고 성이 나면 등을 돌려 서로 걷어찬다. 말의 앎이란 이것 뿐이었다. 그런데 멍에를 올려놓고 굴레로 제약을 가하자 말은 끌 채를 피하고 멍에를 거부하고 수레 포장을 물어 찢고 재갈을 뱉어 내고 고삐를 물어뜯을 줄 알게 되었다. 그러므로 말의 앎을 도적 처럼 교활하게 만든 것은 백락의 죄인 셈이다."[98]

————— 《장자》〈마제〉

송사에 활용될 수 있는 법령과 제도가 치밀하고 정교해질수록 이를 교묘하게 이용하려는 사람들도 늘어날 것이라는 게 장자의 주 장이다. 이는 마치 자신의 본성에 충실했던 말이 백락을 만나고부 터 교활한 꾀를 부리게 된 것과 같다. 더욱 뛰어난 말을 만들겠다는 목적으로 사용된 도구들이 오히려 말을 간사한 존재로 만든 셈이다. 《도덕경》에는 이런 대목이 등장한다.

"나라의 날카로운 도구로 사람들을 교화하려 해선 안 된다."[99]

물론 때때로 날 선 태도는 억압과 강제에 유용할 수 있다. 그렇다고 우리가 매 순간 남을 다스리고자 하는 백락이 될 필요는 없다. 시퍼렇게 날이 선 도구를 사용할수록 배움의 장은 좁아질 뿐이다.

《도덕경》에는 이런 대목도 실려 있다.

"말이 많을수록 금방 한계에 봉착한다."[100]

말을 많이 할수록 의도와 달리 궁색해지는 상황을 누구나 한 번쯤은 경험해 보았을 것이다. 말과 지식은 금세 한계를 드러내지만 인내와 양보는 언제나 한계를 극복한다. 만약 자신이 한계에 봉착했다고 느낀다면 내가 다 안다는 생각을 잠시 내려놓자. 그런 뒤 세상으로부터 새로이 배울 자세를 정비해야 한다.

옳고 그름, 좋고 싫음의 함정

중독자들과 대화를 나누다 보면 자주 듣게 되는 말이 있다. 바로 "생각을 멈추고 싶다"는 말이다. 처음에는 잘 이해되지 않았다. 숨이 붙어 있는 이상 끊임없이 생각할 수밖에 없지 않은가. 생각을 멈추고 싶다는 생각도 엄연히 따지면 또 하나의 생각이다. 사실상 사람이 생각을 멈추고 살기란 불가능하다. 나중에야 이 말이 생각이 아닌 '판단'을 멈추고 싶다는 말이었음을 알게 되었다.

이제까지 꽤 많은 중독자를 만나면서 깨닫게 된 사실이 하나 있다. 그들을 정말로 힘들게 하는 것은 '부끄러움'이라는 것이다. 알코올 중독자를 괴롭게 만드는 것은 숙취보다 술에 취해 스스로도 용납하기 어려운 언행을 쏟아 낸 자기 자신이다. 도박 중독자를 힘들게 하는 것은 가난과 빚보다도 자신의 곁에 남은 사람들의 믿음을 배신하고 그들을 또다시 곤경에 빠뜨렸다는 데서 오는 자괴감이다. 약물, 인터넷, 음란물, SNS 중독도 별반 다르지 않다. 끊임없이 부끄러움을 유발해 '나는 원래 이렇게 형편없는 놈'이라며 자포자기하게 만드는 것. 그렇게 마음을 분탕질하는 것이 중독의 진짜 교활함이며 무서움이다.

지레짐작하는 세상에서 살아남기

오래전부터 세상은 많은 사람이 좋다고 입을 모아 이야기하는 것을 다양한 방법으로 권장해 왔다. 하라고 하면 하기 싫고 하지 말라고 하면 더 하고 싶은 이유는 꼭 심사가 뒤틀려서가 아니라 대다수 사람에게 내재된 마음이라 그렇다. 권장은 묘한 반발심을 낳고 금지는 강한 욕망을 낳는 셈이다.

중독 예방 교육에 투입되는 전문가와 참여자에게는 한 가지 불문율이 있다. 바로 중독이 나쁘다는 사실을 직설적으로는 이야기하지 않는 것이다. 이런 말은 실제로 별 도움도 되지 않는다. 강요와 억압을 기꺼워하는 사람은 많지 않기 때문이다. '나쁘니 해서는 안 된다', '좋으니 무작정 하라'는 말은 누구든지 할 수 있다. 하지만 거부감이 들지 않도록 교육 참여자를 깨우치는 일은 웬만한 내공이 아니고서야 불가능하다. 어째서 좋고 어째서 나쁜지를 스스로 깨닫도록 하고 그다음의 방향성을 잡도록 돕는 일. 교육의 목적은 늘 그

것에 있다.

많은 사람이 범하는 오류 가운데 하나는 있는 그대로의 사실을 보지 않고 지레짐작하는 것이다. 있는 그대로의 사실에 대한 판단을 '사실 판단', 가치에 대한 판단을 '가치 판단'이라고 한다. 사실 판단은 대개 객관적이며 보편적이다. 그러므로 실증이 가능하다. 반면 가치 판단은 주관적이며 상대적인 경우가 많다.

가치 판단은 언제나 추상의 영역에 머무를 수밖에 없으며 빠르게 일어났다 사그라들길 반복한다. 잘 알지도 못하는데 호감을 느끼게 되는 사람도 있고 실제로 해 보지도 않았건만 마냥 싫게 느껴지는 일도 있지 않은가. 이는 모두 사실 판단이 가치 판단의 속도를 따라잡지 못한 예시다.

사실의 앞에서 여지없이 예상을 벗어나곤 하는 가치 판단의 결과를 두고 그럴 수 있다며 애써 변명하는 일. 그렇게 아웅다웅 살아가는 것이 우리 삶의 모습이다. 하지만 이런 변명과 핑계가 반복된다면 어떨까. 결국 하는 사람과 듣는 사람 모두 지치게 될 뿐이다.

공자께서 말씀하셨다.
"가피한 것도 없고 불가不피한 것도 없다."[101]

───────── 《논어》〈미자〉

공자는 이 말을 통해 세상엔 마냥 옳은 것도, 무조건 틀린 것도 없다고 이야기한다. 살면서 아무런 판단도 하지 않고 살기란 사실상 불가능하다. 판단은 대개 경험에서 비롯되는 경우가 많은데 사람이 아무런 경험도 하지 않고 살 수는 없기 때문이다. 《논어》의 〈위정〉에는 경험을 수용하는 방법에 대한 좋은 노하우를 제시하는 대목이 실려 있다.

자장이 벼슬자리를 얻는 방법을 배우고자 하니 공자께서 말씀하셨다.
"많이 듣되 의심스러운 부분은 빼놓고 그 나머지를 조심스럽게 말하면 허물이 적을 수 있다. 많이 보되 위태로운 부분은 빼놓고 그 나머지를 조심스럽게 실천하면 후회하는 일이 적을 수 있다. 말에 허물이 적고 행실에 후회할 일이 적으면 관직은 그 가운데 있는 것이다."[102]

——————— 《논어》〈위정〉

이 대목은 훗날 다문다견多聞多見의 유래가 되었다. 많이 듣고 많이 보는 것은 대표적인 양적 경험이다. 예컨대 세계 일주를 하며 많은 것을 보고 들었다면 그 사람은 풍부한 양적 경험을 가졌다고 볼 수 있다. 하지만 세계 일주에 성공했다고 해서 지구 방방곡곡까지 다 안다고 이야기할 수는 없다. 놓치고 지나친 곳이 없을 리 만무하다. 한곳에 오래 머무르기 전에는 알 수 없는 것들도 분명히 있기 때문이다.

그래서 필요한 것이 질적 경험이다. 양적 경험이 일단 많이 듣고 보는 것이라면 질적 경험에는 보고 들은 것 가운데 의심스럽고 위태로운 부분을 제거하는 작업이 추가된다. 철학자 임마누엘 칸트는 동프로이센의 주도 쾨니히스베르크에서 태어났다. 그는 생을 마감할 때까지 쾨니히스베르크에만 머물렀고 그곳의 반경 30킬로미터 밖으로는 나간 적이 없다. 하지만 칸트는 이탈리아의 풍경은 물론 런던 다리의 생김새까지 훤히 꿰뚫고 있었다. 오죽하면 칸트의 강의를 수강한 학생들 가운데 그가 고향 밖으로 나간 적이 없다는 사실을 믿는 사람은 없을 정도였다.

인적이 드문 사찰이나 봉쇄 수도원에서 구도求道나 수행에 매진하는 사람들이 진리를 터득하는 것 역시 질적 경험에 기반한다. 《논어》의 〈이인〉에서 공자는 "나의 도는 하나로 꿰뚫고 있다"[103]라고 말하며 질적 경험이 주는 극한의 경지를 조명하기도 하였다.

분명한 것은 양적 경험과 질적 경험, 사실 판단과 가치 판단이 모두 나름의 의미를 지닌다는 점이다. 실제로 우리 삶 속에서 이 네 가지 경험과 판단은 제멋대로 얽히고설켜 있다.

가치 판단이 재난이 될 때

《장자》의 〈응제왕〉에는 인위적인 경험과 판단으로부터 완전히 자유로웠던 혼돈渾沌의 이야기가 실려 있다.

남쪽 바다의 제왕을 숙이라 하고 북쪽 바다의 제왕을 홀이라 하고 중앙의 제왕을 혼돈이라고 한다. 숙과 홀이 때를 맞추어 함께 혼돈의 땅에서 만나게 되었다. 혼돈은 그들을 매우 잘 대접하였다. 숙과 홀은 혼돈의 은덕을 갚고자 상의하며 말했다.

"사람들은 모두 일곱 개의 구멍을 가지고 보고 듣고 먹고 숨 쉬는데 혼돈만은 이것을 가지지 못하였소. 그에게도 한번 구멍을 뚫어 줘 봅시다."

그렇게 혼돈의 얼굴에 하루에 하나씩 구멍을 뚫으니 7일만에 혼돈은 죽고 말았다.[104]

———————— 《장자》〈응제왕〉

'숙'은 '느닷없이 나타남有'을, '홀'은 '갑자기 사라짐無'을, '혼돈'은 '나타남과 사라짐이 마구 뒤섞여 갈피를 잡을 수 없음有無'을 의미한다. 혼돈은 가늠할 수 없는 태초의 상태를 상징하는 셈이다.

자신들을 잘 대접한 혼돈에게 보답할 궁리를 하던 숙과 홀은 그에게 이목구비가 없다는 사실을 발견한다. 숙과 홀은 하루에 하나씩 혼돈의 얼굴에 구멍을 뚫어 주었다. 숙과 홀이 이목구비를 만들어 주자 혼돈은 여러 가지 가치 판단을 내리지 않을 수 없게 되었다. 눈으로는 점차 보기 좋은 것을 바라게 되었다. 코로는 맡기 싫은 냄새를 피하게 되었다. 귀로는 옳다고 생각되는 소리를 듣게 되었고 입으로는 틀렸다고 생각되는 말을 삼가게 되었다. 그뿐인가. 좋다고 여겨지는 것은 가지 못하게 잡았고 싫다고 여겨지는 것은 오지 못하게 막았다. 거울처럼 있는 그대로의 모습을 비추기만 했던 혼돈의 마음은 실상과 다른 왜곡된 형상을 비추게 되었다. 결국 혼돈은 쓰나미처럼 한순간에 밀려온 가치 판단의 충격을 이기지 못하고 일주일 만에 죽음을 맞이했다.

"지극한 사람의 마음 씀은 거울과 같다. 가는 것을 전송하지 않고 오는 것을 마중하지 않는다. 변화에 호응할 뿐 감추는 것이 없다. 때문에 삶에 닥친 각양각색의 사태를 잘 견디면서도 상처받지 않을 수 있다."[105]

——————————《장자》〈응제왕〉

경험과 판단으로부터 자유로웠던 혼돈은 가는 것을 잡지 않았고 오는 것에게 손짓하지 않았다. 그저 거울처럼 있는 그대로의 모습을 비췄을 뿐이다. 그래서 혼돈은 바람 잘 날 없는 세상 속에서도 마음을 다치지 않을 수 있었다.

혼돈을 죽게 한 것은 시비호오是非好惡, 즉 '옳고 그름과 좋고 싫음'을 가르는 가치 판단이었다. 한 사람이 평생에 걸쳐 여러 가지를 보고 들으며 양적, 질적 경험을 쌓더라도 경험의 한계는 명확할 수밖에 없다. 유한한 삶에서 끝없는 경험을 할 수 있는 사람은 없기 때문이다. 무한이란 결국 '없음' 그 자체를 의미하는 셈이다. 어쩌면 애당초 이 세상에 객관적인 사실이란 존재하지 않을지도 모른다. 또 우리는 그저 우리가 믿는 것을 사실이라고 착각하며 살아가고 있을 뿐인지도 모른다. 쉴 새 없이 무엇이 옳고 무엇이 틀린지, 무엇이 좋고 무엇이 싫은지를 판단하느라 공연히 마음을 수고롭게 하진 않았던가 돌아보게 된다. 송곳을 들고 한 걸음 한 걸음 다가오는 숙과 홀의 위협으로부터 스스로를 보호하는 길은 시비호오로 얼룩진 마음의 거울을 깨끗이 닦아 내는 데 있다. 하루쯤은 판단을 멈춰 보자. 고대했던 목요일에 기대 이상으로 마음이 고요해지고 맑아짐을 느낄 수 있을 것이다.

金曜日

5장

설 레 는
금 요 일

"들뜨더라도 덤덤해지기"

사사로운 욕심을 다스려야 할 때

화장실 들어갈 때와 나올 때 마음이 다르다는 말이 있다. 사람의 마음이 얼마나 변화무쌍한가를 나타내는 비유 같지만 사실 이 말은 적나라한 현실이다. '열 길 물속은 알아도 한 길 사람 속은 모른다' 고 하였다. 이는 사람의 마음이 시커멓고 음흉함을 강조했다기보다 그만큼 마음이 자주 바뀜을 시사하는 속담이다. 나조차도 정확히 알 수 없는 것이 바로 내 마음이다. 시시각각 변하는 마음에 관해서는 다양한 동양철학자들의 의견을 만날 수 있다. 중국의 유교 경전 《서경》에는 이런 대목이 실려 있다.

"사람의 마음은 위태로울 뿐이고 도道의 마음은 미약할 뿐이다. 오직 정성스럽게 살피고 한결같이 지켜서 진실로 그 중도中道를 잡아야 한다."[106]

사람의 마음이 위태롭다고 진술한 까닭은 사람이 자신의 마음조차 종잡을 수 없는 경우가 많기 때문이다. 도의 마음은 사사로운 욕심에 오염되지 않은 마음을 의미한다. 도의 마음이 미약하다는 말은 도의 마음이 어렴풋하다는 말과 같다. 이를 통해 사람은 정성을 다해 욕심을 줄이고자 할 때 이제까지 욕심에 가려 볼 수 없었던 도심을 발견할 수 있다는 사실을 유추할 수 있다. 그렇게 회복한 도심을 한결같이 지키는 일을《서경》에서는 중도中道라 하였다.

왜 악한 마음이 드는가?

남송의 유학자 주희가 쓴《근사록》에는 북송의 철학자 정이천[107]의 말이 실려 있다.

"공평한 마음은 하나지만 사사로운 마음은 만 가지로 다르다. 사람마다 얼굴이 다르듯 마음도 다르지만 어디까지나 이는 사사로운 마음일 뿐이다."[108]

정이천은 사람마다 얼굴이 다르듯 마음의 생김새도 제각각이라고 하였다. 그는 그 까닭이 '하고자 하는 마음', 즉 욕심이 다르기 때문이라는 데 주목했다. 세상 모든 이의 마음이 일치하기란 불가능하지만 더불어 살아가는 이들이 자신의 마음에서 욕심을 조금씩만 덜어 낼 수 있다면 공평하며 솔직한 세상에 가까워진다는 것이 정이천의 믿음이었다.

또 다른 북송의 유학자 사마광은 그의 논문 〈치지재격물론致知在格物論〉에서 선한 사람보다 악한 사람이 더 많은 이유가 무엇인지를 묻는다.[109] 사마광은 그 이유를 이렇게 설명했다.

"모두 사물이 사람을 유혹하고 사물이 사람을 핍박하기 때문이다. 법을 어기는 백성들은 도둑질이 부끄럽다는 것을 알지만 위험을 무릅쓰고 그렇게 하는 것은 굶주림과 추위에 몰렸기 때문이다. 절개를 잃은 신하 역시 임금을 배반하고 원수를 섬기는 것이 부끄럽다는 것을 알지만 차마 그런 일에 마음을 두는 것은 형벌과 화에 휩쓸리기 때문이다. 비유하자면 짐승을 쫓는 사람이 태산을 보지 못하고 참새를 잡으려는 사람이 이슬로 옷을 적심을 깨닫지 못하는 것과 같다. 그렇게 된 까닭은 사물이 도심道心을 가렸기 때문이다. 물은 진실로 맑지만 진흙과 모래가 흐리면 애써도 그림자를 볼 수 없다. 촛불은 진실로 밝지만 손을 들어 그것을 가리면 지척이라도 사람의 눈썹과 눈을 분간할 수 없다. 하물며 부귀가 지혜를 흐리고 가난함이 그 마음을 가린 경우에야 어떻겠는가?"[110]

이 물음에 담긴 사마광의 문제의식은 현재도 생각해 볼 만한 지점이다. 사마광은 사람의 본성이 악한 일보다는 선한 일을 즐기고 잘못된 일보다는 옳은 일을 하기 원한다고 하였다. 하지만 욕심이 사람을 유혹하고 핍박하는 까닭에 사람들은 악한 일과 잘못된 일에 가담하게 된다는 것이다. 욕심에 눈먼 사람은 태산처럼 높이 솟은 도심이라도 그냥 지나치고 이슬비처럼 차곡차곡 쌓인 마음의 먼지에도 신경 쓸 겨를이 없다. 이처럼 욕심의 노예가 된 상태를 사마광은 진흙과 모래가 일어 흐려진 물, 손바닥으로 가려진 촛불에 빗대었다. 《서경》의 진술과 《근사록》에 담긴 정이천의 말, 그리고 〈치지재격물론〉에 드러난 사마광의 문제의식을 통해 예로부터 동양인들은 사사로운 마음을 배척하고 도심을 지키기 위해서 특히 욕심에 주의했음을 알 수 있다.

공자께서 말씀하셨다.

"선인善人을 만나 볼 수 없다면 한결같은 사람이라도 만나 볼 수 있으면 좋겠다. 없으면서 있는 척하며 비었으면서 가득한 척하며 인색하면서 교만하다면 어렵도다, 한결같음을 유지하기가."[111]

———————— 《논어》〈술이〉

공자 역시 매 순간 선을 지향할 수 없다는 사실을 잘 알고 있었다. 실제로 사람의 마음엔 언제나 선한 생각과 불선한 생각이 공존한다. 다만 공자에게는 아무리 악한 사람이라도 사람으로 태어난 이상 한 조각의 선한 마음을 가졌을 거라는 믿음이 있었다. 한시도 빠짐없이 불선한 마음만 품는다면 그는 사람이 아니라 악마일 것이기 때문이다.

공자는 사람에게 한결같이 선하기를 바라는 본성이 있다고 확신했다. 그래서 한결같은 사람이야말로 선한 사람에 가깝다고 생각했다. 그러므로 공자가 말하는 선한 사람의 기준이 한결같음에 있다고 해도 과언이 아닌 셈이다. 이런 까닭에 공자는 사람이 한결같을 수 있는 구체적인 방법을 제시했다. 없으면서 있는 척하지 않고, 비었으면서 가득한 척하지 않으며, 인색하면서 교만하지 않는 것이다.

유가 철학과 도가 철학은 마치 평행선을 달리듯 같이할 수 없는 것처럼 보이기도 한다. 하지만 동양적 사유라는 틀 안에서 두 철학은 평행선이 아닌 점근선이다. 도가 철학의 테제 중 가장 잘 알려진 것이 바로 '무위자연無爲自然'이다. 여기서 '무위'란 아무것도 하지 않는다는 의미가 아니다. 인위人爲에 대립하는 무위를 우리말로 풀면 '억지로 척함이 없는 상태'에 가깝다. 그러므로 무위자연은 '억지로 척함이 없어서 자연스러운 상태'로 보더라도 무방하다.

앞서 공자가 이야기한 한결같은 마음을 해치는 것들 역시 무위자연에서 벗어난 상태를 상징한다. 없어도 부득불 있는 척하는 사람, 빈 수레가 요란하듯 비었으면서 가득한 척하는 사람. 이들은 무위자연에서 벗어난 대표적인 예시다. 인색하면서 교만한 상태 또한 무위자연과 거리가 멀다. 인색할 필요가 없는 상황에서는 베푸는 것이, 인색해야 하는 상황에서는 교만을 부리지 않는 것이 무위자연이다. 이처럼 자연스러운 삶의 태도를 지향한다는 점에서 유가 철학과 도가 철학은 사상적으로 겹치는 부분이 있다.

부드러움이 강함을 이긴다

《장자》의 〈재유〉에는 최구라는 인물과 노자의 대화가 나온다.

"천하를 인위적으로 다스리지 않으면서 어떻게 사람의 마음을 선도할 수 있겠습니까?"[112]라는 최구의 물음에 노자는 이렇게 대답했다.

"부드럽고 아리따운 것은 억세고 강한 것을 순하게 만든다. 하지만 사람들은 모나고 날카롭게 멋대로 깎고 다듬으려고만 한다. 뜨겁게 달아오르면 타오르는 불길 같고 차갑게 식으면 꽁꽁 언 얼음같게 된다. 마음의 빠르기는 잠깐 사이에 온 세상을 두 번 도는 정도이다. 가만히 있을 땐 연못처럼 고요하지만 움직이기 시작하면 하늘로 날아오른다. 성을 냈다 교만하게 굴었다 하여 잡아매 둘 수가 없는 것이 사람의 마음인 셈이다."[113]

——————— 《장자》〈재유〉

부드럽고 유연한 태도의 중요성은 다른 고전에서도 찾아볼 수 있다. 중국의 설화집 《설원》에는 노자가 병에 걸린 자신의 스승 상창에게 마지막으로 남길 가르침이 있는지 묻는 장면이 나온다.[114] 그러자 상창이 노자에게 입을 열어 보이며 혀가 있는지 물었다. 노자는 있다고 대답하였다. 이번에는 이가 있는지 물었다. 그러자 노자는 없다고 대답하였다. 상창이 이것이 무슨 뜻인지 아느냐고 묻자 노자가 답했다.

"혀가 있는 것은 어찌 부드럽기 때문이 아니겠습니까? 이빨이 없는 것은 어찌 강하기 때문이 아니겠습니까?"

그러자 상창은 그것이 바로 세상의 이치라고 전했다.[115] 이 대목은 훗날 치망설존齒亡舌存의 유래가 되었다. 이는 빠져도 혀는 남았다는 뜻으로, 강한 것은 망하기 쉬우나 유연한 것은 오래 존속된다는 지혜를 역설한 대목이다.

《도덕경》에는 다음과 같은 대목이 실려 있다.

"세상에서 물이 가장 유약하지만 공력이 굳세고 강한 것도 물을 이길 수 없다. 이런 이치를 가볍게 여겨서는 안 된다. 약한 것이 강한 것을 이기고 부드러운 것이 굳센 것을 이긴다."[116]

이 대목은 훗날 유능제강柔能制剛의 유래가 되었다.[117] 유능제강이란 부드러운 것이 강한 것을 바로잡는다는 뜻이다.

많은 사람이 스스로를 날카롭게 갈고닦는 데 매진하지만 날카로울수록 유연해지기는 어렵다. 어쩌면 사람의 마음이 욕심에서 벗어나 도의 마음으로 나아가지 못하는 까닭은 '무위자연'과 '치망설존' 그리고 '유능제강'의 덕德을 이루지 못하고 있기 때문인지도 모른다.

마지막으로 《장자》에 나온 노자의 말에 따르면 사람의 마음은 불길처럼 뜨거워지다가도 얼음장처럼 차게 식기를 반복한다. 뭔가를 내 것으로 만들고 싶다는 욕심이 기승을 부리면 사람의 마음은 활활 타오르는 불길처럼 뜨거워진다. 무언가를 지키고 싶다는 욕심이 들면 얼음장처럼 차갑게 변하기도 한다. 불이 붙고 물이 어는 데에는 시간이 필요하지만 사람의 마음은 순식간에 뜨거워졌다가 차가워지기를 반복한다.

욕심이 잦아들고 나서야 비로소 살며시 고개를 드는 것이 있으니 그것은 바로 양심良心이다. 욕심은 마냥 뻣뻣하고 굳세기만 할 뿐이지만 양심은 부드러우면서 아름답다. 그래서 욕심으로 가득한 마음은 위태롭지만 양심으로 충만한 도심은 황홀하다. 그러므로 담담하고 의연한 사람은 다름 아닌 욕심이 적은 사람이다.《서경》에서 말한 중도中道의 다른 말은 양심이라고 해도 과언이 아니다. 사람은 욕심이 적을 때 비로소 물처럼 담담하고 의연해진다. 한없는 부드러움으로 강함을 제어할지, 제멋대로 깎인 날카로움으로 나 자신과 주변을 다치게 할지는 욕심과 양심 가운데 무엇을 선택할 것인가에 달려 있다.

인생이란
한 치 앞도 내다볼 수 없는 것

가끔 부모님이 돌아가시는 꿈을 꾼다. 그럴 때면 꿈에서 깬 다음에도 한동안 슬픈 느낌이 가시지 않는다. 슬픔이라는 감정은 상실과 긴밀하게 상호작용한다. 복구하기 몹시 어려운 상실이 주는 슬픔은 항구적이며 막대하다. 무슨 수를 쓰더라도 되돌릴 수 없는 상실이 있으니, 그것은 바로 죽음이다. 죽음은 인간이라면 모두가 피할 수 없는 예고된 상실이기도 하다.

한국인이라면 누구나 들어 봤을 고전 소설《심청전》에도 죽음에 대한 인간의 두려움이 잘 나타나 있다. 심청은 아버지를 위해 두려움을 딛고 인당수에 몸을 던진다.《장자》에도 비슷한 우언이 실려 있다. 이희麗姬의 이야기다. 이희라는 여자가 애艾 땅에 살고 있었다. 이희는 한번 보면 눈을 떼기 어려운 미녀였다. 이희의 아버지는 국경을 관장하는 관리였는데 어느 날 진나라가 애 땅을 침략했다. 진나라의 공격을 막아 낼 재간이 없던 애 땅 사람들은 하는 수 없이 이희를 바치기로 했다.[118] 그렇게 이희는 아버지와 고향을 떠나 진나라로 끌려갔다. 슬픔을 이기지 못한 이희는 옷깃이 다 젖도록 눈물을 흘렸다.

진나라에 도착하자 이희는 왕의 첩이 되어 왕의 처소에서 함께 생활했다. 여태껏 구경도 해 본 적 없는 큰 침대를 쓰고 끼니마다 고기반찬을 먹게 되었다. 그러자 이희는 곧 슬픔을 잊고 심지어 이렇게 후회했다.

'처음 진나라로 끌려올 때 나는 무엇 때문에 그렇게 슬퍼했는가? 이럴 줄 알았으면 차라리 하루라도 더 빨리 오는 게 나을 뻔했다.'

앎보다 모름을 추구하라

이 우언의 화자인 장오자는 이렇게 말한다. "이처럼 죽은 사람이 살아생전에 왜 그토록 삶에 집착하였는지를 후회하지 않으리라는 보장이 어디 있겠는가?"[119]

장오자의 말은 삶보다 죽음이 더 낫다는 뜻이 아니다. 삶과 죽음 가운데 무엇이 더 나은지 규명할 수 없다고 말하는 것이다. 죽은 사람은 말이 없고 산 사람은 죽음을 경험해 본 적이 없다. 심청은 자신에게 어떤 일이 벌어질지 모르고 인당수에 몸을 던졌다. 이희는 어떤 삶을 살게 될지 모르고 진나라로 끌려갔다. 그러나 막상 그 상황을 직면하고 나니 심청은 용왕의 도움을 받아 왕비가 되었고 이희는 살면서 경험해 보지 못한 호화로운 생활을 하게 되었다.

가만히 보면 심청과 이희가 그토록 슬퍼하고 두려워했던 것은 죽음이나 포로가 되는 것 그 자체가 아니었다. 이다음에 어떻게 될지 모른다는 무지無知. 그것이 심청과 이희가 가졌던 슬픔과 공포의 원인이었다. 세상에 무지로부터 오는 불확실함을 달갑게 여기는 사람은 없다. 하지만 달갑지 않다고 해서 미래의 일을 알 수 있는 방법은 없다. 그것은 인간의 능력 밖이기 때문이다.

지혜로운 사람은 이 세상에 사람의 힘만으로 알 수 없는 일도 있다는 사실을 안다. 그래서 알 수 없는 일에 집착하지 않는다. 철학에서는 이것을 '무지無知의 지知'라고 한다. 무지의 지란 무지할 수 있음에 대한 과감한 인정이자 승복이다. 지혜롭지 못한 사람은 아무리 노력해도 알 수 없는 일들에 시간을 할애한다. 결국 충분히 알 수 있는 것마저 알지 못하게 된다.

무지의 지를 장자 철학에서 '진지眞知'라고 한다. 진지란 참된 앎이라는 뜻이다. 진지를 가진 사람은 무엇이 좋고 나쁜지, 무엇이 옳고 그른지를 억지로 가르지 않는다. 이러한 가치는 처한 입장에 따라 얼마든지 달라질 수 있기 때문이다. 반면 많이 알더라도 그 가운데 참된 앎이 없는 사람은 자신의 지식을 활용해 끊임없이 좋고 나쁨과 옳고 그름을 판단하려는 우를 범한다. 결국 진지가 결여된 삶은 비관적인 태도로 귀결되는 경우가 많다.

만일 매사를 비관적으로 바라보게 된다면 그 원인은 나만의 잣대로 끊임없이 좋고 올바른 것을 가려내려는 시도에 있을지도 모른다. 그로부터 슬픔, 분노, 교만, 적막, 공포 등의 부정적인 감정들이 발생한다. 그러므로《장자》〈제물론〉의 핵심은 세상 만물에 대한 판단의 기준을 제거하는 것에 있다.

"나와 의견이 같은 사람에게 올바른 판단을 청한다면 이미 나와 의견이 같은데 어떻게 올바르게 판단할 수 있겠습니까? 나와 의견이 다른 사람에게 올바른 판단을 청한다면 이미 나와 의견이 다른데 어떻게 올바르게 판단할 수 있겠습니까? 그러니 나나 당신이나 다른 사람들이나 어차피 무엇이 옳고 그른지는 서로 알 수 없는 것입니다."[120]

———————《장자》〈제물론〉

사실상 아무런 기준 없이 세상을 살아간다는 것은 불가능에 가깝다. 어떤 경험과 이성도 동원하지 않고 살 수는 없기 때문이다. 다만 장자는 불완전한 기준 때문에 끊임없이 남과 나를 비교하고 무의미한 경쟁을 반복하는 현실이 안타까웠다. 그래서 장자는 참된 앎이 필요함을 강조했다.

장자가 이야기하는 참된 앎은 아이러니하게도 모름을 추구하려는 태도에 있다. 장자는 앎보다는 모름을, 정답보다는 해답을 찾는 삶이야말로 진짜 앎으로 나아가는 삶임을 역설한다.

큰 깨어남이 있어야 비로소 이 삶이 큰 꿈임도 알게 된다.[121]

─────── 《장자》〈제물론〉

이 대목이 장자가 말하는 진짜 앎의 화두라고 할 수 있다. 장자가 말하는 '큰 깨어남'이 모름에 대한 추구와 자신만의 해답을 발견하기 위한 노력이라면, '작은 깨어남'은 지식을 통해 정답을 찾아내겠다는 열망이다. 작은 깨어남이 한바탕 꿈처럼 허무하다는 것을 우리는 이미 경험을 통해 잘 알고 있다. 그러므로 이러한 작은 깨어남을 좇아 끊임없이 스스로를 채찍질하는 사람은 점점 허무한 꿈속으로 침잠해 가는 것이나 다름없다.

가난해도 기죽지 않고
넉넉해도 더불어 살고자 하는 사람

《논어》에는 공자와 그의 제자인 자공의 대화가 실려 있다.

자공이 말했다.
"가난해도 아첨함이 없고 넉넉해도 교만함이 없다면 어떻습니까?"
공자께서 말씀하셨다.
"괜찮다. 하지만 가난해도 즐거워하고 넉넉하면서도 예를 좋아하

들뜨더라도 덤덤해지기

는 것만은 못하다."

자공이 말했다.

"《시경》에서 '자르는 듯하고 미는 듯하며 쪼는 듯하고 가는 듯하다'고 하였는데 이를 두고 한 말이었군요."

공자께서 말씀하셨다.

"사賜는 비로소 더불어 시詩를 말할 만하다. 지나간 것을 말해 주면 올 것을 아는 자로다."[122]

———————— 《논어》〈학이〉

자공은 공자의 제자들 가운데 물질적으로 큰 풍요로움을 누렸던 인물이다. 하지만 자공이 처음부터 부자였던 것은 아니다. 그에게도 가난한 시절이 있었다. 어쩌면 자공이 공자에게 진짜 하고 싶었던 말은 이런 것이었을지도 모른다. "저는 가난했을 때 아첨하지 않았고 부귀해진 후에도 교만하지 않았습니다. 저 정도면 어떠합니까?" 자공의 물음에 공자는 이렇게 대답했다.

"나쁘지 않다. 그러나 가난했을 때에도 즐길 줄 알고 부귀해진 뒤에도 예를 좋아하는 것만은 못하다."

동양철학에서 즐거워한다는 것은 '편안하게 여긴다'는 뜻이다. 자공과 마찬가지로 공자의 애제자 중 한 명인 안회는 자신의 처지를 편안하게 여길 줄 알았기에 어질다는 평가를 받은 인물이다. 《논어》〈옹야〉에서 공자는 안회를 이렇게 평했다.

"어질도다, 안회여. 한 그릇 밥과 한 표주박 마실 것으로 누추한

골목에 산다. 사람들은 그 근심을 견뎌 내지 못하지만 안회는 그 즐거워함에 변함이 없다. 어질도다, 안회여."[123]

자신의 처지를 극복하는 일만큼이나 멋진 것은 자신의 처지를 편안하게 여길 수 있는 마음가짐임을 알 수 있는 대목이다.

예禮란 나와 당신 모두가 세상의 주인공이 되는 마음이다. 교만이란 잘난 체하며 뽐낸다는 뜻이다. 비록 대놓고 뽐내거나 잘난 체하지 않지만 은근히 남을 깔보는 태도가 몸에 밴 사람이 있다. 이런 사람은 교만은 없지만 예를 모르는 사람이다. 공자는 관계를 대하는 내 마음에 우월감이나 열등감이 배제된 상태야말로 억지로 교만함이 없고자 노력하는 것과는 차원이 다른 예의 경지라고 하였다.

자공이 이야기한 《시경》의 구절은 "톱으로 자르거나 대패로 밀 듯이 정성껏 노력하고 망치로 쪼거나 모래로 갈 듯이 정성껏 수양한다"로, 훗날 절차탁마의 유래가 되는 대목이다.[124] 공자의 대답을 들은 자공의 말을 풀어 쓰면 이렇다.

"가난해도 아첨하지 않고 풍요로워도 교만하지 않은 것 역시 훌륭하지만, 내 처지를 편안히 여길 줄 아는 락樂의 경지와 내 기준에서 남을 판단하지 않는 예禮의 경지까지 끊임없이 절차탁마하라는 말씀이시군요."

자공의 말을 들은 공자는 기뻐하였다. 아첨하거나 아첨하지 않는 이유는 그 대상을 안다고 생각하기 때문이다. 이는 교만도 마찬가지다. 교만하거나 교만하지 않는 이유는 그 대상에 대하여 무언가 알고 있다는 생각 때문이다. 하지만 살아가다 보면 알 수 있는 것은 극히 적은 데 반해 알 수 없는 것은 부지기수란 사실을 실감하곤 한다. 장자는 앎보다는 모름을 추구하는 삶이, 정답보다는 해답을 찾는 삶이 진짜 앎의 삶임을 역설했다. 이처럼 예를 사랑하는 공자와 모름을 추구하는 장자의 태도는 상당 부분 닮아 있다.

빈곤과 풍요는 꼭 물질로만 국한되는 개념이 아니다. 큰 집에 살면서 마음이 비좁은 사람이 있는가 하면 학식은 풍부하지만 생활이 여의치 못한 사람도 있다. 또 재물은 넉넉하나 권력이나 명예에 목마른 사람도 있다. 무엇이 좋고 무엇이 나쁜지, 무엇이 옳고 무엇이 틀린지 우리는 알 수 없다. 다만 각자의 입장과 기준만 있을 따름이다.

중요한 것은 이들 모두가 세상이라는 울타리 안에서 함께 어우러져 살아가고 있다는 것이다. 알 수 없는 것을 알아내려고 노력하는 사람, 알지 못하면서 아는 것처럼 말하고 행동하는 사람을 기다리는 것은 후회뿐이다. 불완전한 나만의 잣대로 한평생 남과 세상을 판단하는 삶에 후회가 남지 않을 리 없기 때문이다. 반면에 진짜 앎을 추구하며 나의 처지를 편안하게 여기고 함부로 남과 세상을 규정하지 않는 사람은 점차로 나만의 해답을 발견하게 된다.

나만의 해답은 매 순간 정성껏 절차탁마하는 사람에게 주어질 값진 선물이다. 때로는 앎 대신 모름을 추구하고 무언가를 쌓는 대신 비워 보자. 불확실함이 확실함으로 바뀌는 신비를 체험하며 더욱 설레는 금요일을 맞이하게 될지도 모른다.

교만과 태연함의 차이

돌이켜 보면 어렸을 때부터 나는 크고 작은 사고를 참 많이도 쳤다. '사고'라는 것은 일반적으로 일어나지 않는 일을 의미한다. 자연이 사고를 치면 지진이나 홍수처럼 자연재해가 발생하고 사람이 사고를 치면 다른 사람이 상처를 입게 된다. 피해자가 나오는 것이다.

내 사고의 가장 큰 피해자는 엄마였다. 어렸을 땐 기껏해야 학교나 다른 학부모에게 전화가 걸려 오는 게 다였다. 하지만 시간이 흐르면서 응급실이나 경찰서에서도 전화가 오기 시작했다. 알코올 중독이 가장 맹렬했던 20대 중반이 되자 엄마는 벨소리만 들어도 깜짝깜짝 놀랄 지경이 되었다. 이번엔 또 무슨 일인가 겁부터 먹게 된 것이다. 특히 내가 집에 없을 때나 밤늦은 시간에 전화가 오면 엄마가 느끼는 공포는 극에 달했다.

날씨가 몹시 추운 어느 겨울의 새벽녘이었다. 나는 술에 취해 또 사고를 쳤다. 수갑을 차고 경찰서에 앉아 있는데 경찰관이 보호자의 연락처를 물었다. 나는 별생각 없이 엄마의 전화번호를 알려 주었다. 얼마나 지났을까. 눈을 떠 보니 낯익은 얼굴이 눈앞에 아른거렸다. 아빠였다. 그제야 정신이 들었다. 엄마는 괜찮은지 묻자 아빠는 이렇게 대답했다. "네 엄마, 조금 아까 전화 받고 쓰러졌다."

아빠는 나를 산으로 데리고 올라갔다. 우리는 깎아 세운 듯한 벼랑 앞에 나란히 섰다. 아빠가 말했다. "미안하지만, 할 수 있으면 여기서 뛰어내려 죽어 줘라." 내가 망부석처럼 꼼짝 않고 서 있자 아빠가 다시 말했다. "무서우면 내가 따라가 줄게." 연극과 실제의 가장 큰 차이는 말과 행동에 얼마만큼의 진심이 담겨 있느냐에 있다. 그날 아빠의 말과 행동은 짜여진 각본이 아니었다. 나는 아빠의 눈에서 진심을 읽을 수 있었다.

그날 이후로도 나는 몇 년간 술을 끊지 못했다. 여기저기서 걸려오는 전화를 받고 경찰서에 불려 다니는 것은 오롯이 아빠의 몫이 되었다. 그럴 때마다 아빠는 늘 이상하리만치 태연했다. 아빠는 내가 성인이 되고부터는 "사내자식이 그럴 수도 있지"라고 말하지 않았다. 하지만 혀가 꼬여 말도 제대로 할 수 없는 아들의 전화를 받을 때도, 모두가 잠든 시간에 경찰서에 출석할 때도, 법정에 앉은 아들을 바라볼 때도 아빠는 아무 일도 없다는 듯이 태연해 보였다.

술을 끊고 나서 나는 아빠에게 물었다. "아빠는 어떻게 늘 그렇게 태연할 수 있었어?" 그러자 아빠가 말했다. "호랑이가 개 새끼를 낳았을 리 없기 때문이지." 나는 피식 웃고 말았지만 아빠의 그 말이 참 고맙게 느껴졌다. 그리고 알게 되었다. 나에 대한 믿음을 포기하지 않았기 때문에 아빠는 늘 태연해 보일 수 있었다는 것을.

믿음이 태연함을 만든다

공자께서 말씀하셨다.

"군자는 태연하되 교만하지 않고 소인은 교만하되 태연하지 못하다."[125]

———————— 《논어》〈자로〉

태연한 사람과 교만한 사람은 얼핏 보면 비슷하게 느껴질 수 있다. 태연해 보이는 사람이 모두 교만하진 않지만 교만한 사람은 대체로 태연자약을 가장하는 경우가 많기 때문이다. 그리고 그 가운데에는 믿음의 문제가 자리하고 있다.

"지혜로운 사람은 혹하지 않고 인한 사람은 근심하지 않으며 용감한 사람은 두려워하지 않는다."[126]

———————— 《논어》〈자한〉

공자에 따르면 믿음은 군자가 갖춰야 할 주요 덕목이다. 지혜로운 사람은 스스로에 대한 믿음이 있기 때문에 혹하지 않는다. 인한 사람은 남들에 대한 믿음이 있기 때문에 근심하지 않고 용감한 사람은 세상에 대한 믿음이 있으므로 두려워하지 않는다.

지혜로운 사람은 자신만을 믿거나 무턱대고 의심부터 하지 않는다. 대신 스스로가 괜찮은 사람이라는 확실한 믿음을 가진다. 인한 사람은 남들의 말을 무작정 믿어 주는 사람이 아니다. 세상은 더불어 살아갈 때 아름다워진다는 확고한 믿음을 가진 사람이다. 용감한 사람이란 무모함을 모험심이나 영웅심으로 포장하는 사람이 아니다. 몹시 위험한 상황에서도 태연함을 잃지 않을 수 있는 사람이다. 세상은 그래도 살 만한 곳이란 믿음이 있는 사람만이 진정한 용기를 낼 수 있다.

태연과 교만은 질적으로 다르며 그 결정적인 차이는 믿음에 있다. 태연한 사람은 나를 믿고 남들을 믿고 세상을 믿기에 태연할 수 있지만 교만한 사람은 나와 남들과 세상을 모두 믿지 못하기 때문에 태연한 듯 보일 뿐이다. 교만한 사람은 늘 조급하다. 그래서 이들은 자연스레 긴장한 채로 살아가게 된다. 겉으로는 태연한 것처럼 보이더라도 속에서는 전쟁이 그치질 않는 셈이다. 대체로 교만은 분노를 달고 다닌다. 사람을 가장 태연하지 못하게 만드는 감정이 분노기 때문이다. 분노가 일어나는 원인은 크게 두 가지로 첫째는 다툼이며 둘째는 비교다. 무한 경쟁과 비교가 판치는 오늘날에 화병火病이 성행하는 것은 어찌 보면 당연한 일일지도 모른다.

남과 다투기를 좋아하는 사람은 이미 스스로와 끊임없이 다투고 있는 경우가 많다. 자신과 다투는 일을 멈추지 못하는 이유는 스스로에 대한 믿음이 없기 때문이다. 반면에 스스로에 대한 믿음을 가진 사람은 그 믿음을 발판으로 남을 믿을 수 있고, 나와 남을 믿는 사람의 세상은 '믿을 만한 곳'이 된다. 그런데 남과 나를 비교하는 사람은 점차로 자신을 믿지 못하게 된다. 자신을 믿지 못하면 남도 믿을 수 없으므로 이들이 사는 세상은 '믿을 놈 하나 없는 곳'이 되고 만다. 믿을 만한 세상에 사는 사람은 태연하지만 믿을 놈 하나 없는 세상에 사는 사람은 교만해진다.

교만을 부린 원숭이의 최후

공자가 군자와 소인의 대비를 통해 태연과 교만의 차이를 조명했다면 장자는 태연한 삶을 사는 방법을 안내한다.

지혜를 가진 선비는 생각과 꾀가 필요한 변란이 없으면 즐거울 수 없다. 말을 잘하는 선비는 얘기할 꼬투리가 없으면 즐거울 수 없다. 깨끗한 선비는 꾸짖을 일이 없으면 즐거울 수 없다. 이들은 모두 밖의 일에 사로잡혀 있다.[127]

———— 《장자》〈서무귀〉

내게도 술이 없다면 무엇을 해도 즐거울 수 없던 시절이 있었다. 술을 끊고 나서도 술 없이 즐거울 수 있다는 사실을 깨닫기까지는 오랜 시간이 걸렸다. 도박 중독자는 많은 돈이 생기더라도 도박을 하지 않으면 즐거움을 느끼지 못한다. 명예를 얻는 것이 삶의 목적인 사람은 명예를 얻더라도 계속 명예를 추구하지 않으면 즐거울 수 없게 된다.

《장자》에는 불행한 죽음을 맞이한 원숭이의 이야기가 있다. 오나라 임금이 강물에 배를 띄우고 유람을 나갔다가 원숭이들이 많은 산에 올랐다. 원숭이들은 오나라 임금을 보자 놀라서 모든 것을 버리고 숲속으로 달아났다. 한 마리만이 이 가지 저 가지로 왔다 갔다 하며 물건을 내던지는 등 임금에게 재주를 보였다. 임금이 그 원숭이를 활로 쏘니 원숭이는 빠르게 날아오는 화살을 민첩하게 잡았다. 임금이 사냥을 돕는 종자들에게 명령해서 계속 쫓아가며 쏘게 하니 그 원숭이는 결국 죽고 말았다.[128]

장자는 사람들이 다가와도 태연한 듯 보였던 원숭이가 실상은 교만 때문에 비참한 최후를 맞게 되었다고 지적한다. 이 원숭이는 마치 꾀를 낼 기회를 만난 지혜로운 선비처럼, 이야기할 꼬투리를 잡은 말 잘하는 선비처럼, 꾸짖을 거리를 찾은 깨끗한 선비처럼 자신의 재주를 뽐내다 목숨을 잃었다. 스스로 지혜롭다는 걸 알아도 이를 뽐내려 하지 않는 사람은 혹하지 않는다. 함께 사는 세상에서 튀려고 하지 않는 사람은 근심하지 않는다. 그러나 위험한 줄 알면서도 무모한 용기를 내는 사람은 최악의 상황을 맞닥뜨린다. 원숭이는 자신의 재주가 특출하다는 걸 알고 있었지만 활을 든 사람이

다가올 땐 몸을 돌려 피하는 것이 태연한 것임을 몰랐다. 태연한 마음은 내면의 소리에 귀를 기울이지만 뽐내고자 하는 교만한 마음은 외부로만 향한다.

나는 10년 넘게 하루도 빠짐없이 금요일마다 술을 마셨다. 집을 나서는 동안 내 마음속에는 뽐내고 싶다는 욕망이 도사리고 있었다. 스스로 태연할 수 없었음은 물론 가족들과 주변 사람들까지 의심하고 근심하며 두려워하게 만들었다. 아빠의 믿음과 태연함이 없었다면 어땠을까. 나는 여전히 내 힘으로 어찌할 수 없는 밖의 일들에만 골몰하여 술을 마시러 나갈 채비를 하고 있었을지도 모른다.

믿는 마음은 태연함을 낳고 뽐내려는 마음은 교만을 낳는다. 태연한 사람은 자신이 다스릴 수 있는 내면에 귀를 기울이고 교만한 사람은 자신이 어찌할 수 없는 외부에 집착한다. 뽐내더라도 태연하게 뽐내고 믿더라도 교만하지 않을 수 있어야 한다. 태연한 사람은 자신이 괜찮은 사람이라는 믿음이 있기에 강자 앞에서 주눅 들지 않고 약자 앞에서 거들먹거리지 않는다. 하지만 교만한 사람은 스스로의 괜찮음을 외부에서 발견하려고 하기 때문에 강자 앞에선 비굴해지고 약자 앞에선 당당해진다. 태연과 교만은 한 끗 차이다. 스스로를 믿고 나에게 달려 있는 일들에 최선을 다하는 사람은 태연하고 나에게 달려 있지 않은 일들에 집착하는 사람은 교만하다.

넉넉하고 쩨쩨할 바에야
부족한 게 낫다

　내가 중학생일 때 엄마는 집을 나설 때마다 손에 만 원짜리 두 장을 쥐어 주었다. 무엇을 사 먹어도 혼자 먹지 말고 친구들과 같이 먹으라는 게 그 이유였다. 경제적으로 썩 좋은 형편은 못 됐지만 하루도 거르지 않고 돈을 준 엄마 덕분에 친구들과 많은 일을 함께 할 수 있었고 베푸는 즐거움 또한 배울 수 있었다.

　물질 가는 곳에 마음도 함께 가고 소금 먹은 쥐가 물가로 가는 것은 당연한 삶의 이치다. 비록 대단한 것들은 아니었을지 모르지만 늘 나름은 베풀었다는 생각을 갖다 보니 종종 서운함을 느끼기도 했다. 그때의 감정은 대강 이런 것이었던 듯하다. '내가 이렇게 해 줬는데 너는 이것도 못 해 줘?' 그러다 나중에 깨달았다. 돈으로 살 수 있는 것은 많지만 우정과 사랑만은 살 수 없음을.

오미사악: 다섯 가지 아름다움과 네 가지 해악

《논어》에는 군자가 지녀야 할 오미(다섯 가지 아름다움)와 버려야
할 사악(네 가지 해악)에 대한 자장[129]과 공자의 대화가 실려 있다.

하루는 자장이 공자에게 물었다. "어떻게 해야 정치에 종사할 수
있겠습니까?" 그러자 공자가 대답했다.

"오미五美를 높이고 사악四惡을 물리치면 곧 정치에 종사할 수 있
다." 자장이 다시 물었다. "무엇을 오미라 하고 무엇을 사악이라
합니까?" 공자가 대답했다.

"군자는 은혜를 베풀되 허비하지 않고, 수고롭더라도 원망하지 않
으며, 바라는 것이 있어도 탐내지 않고, 태연하면서도 교만하지
않으며, 위엄이 있으면서도 사납지 않은데 이를 오미라 한다."

이어 자장이 사악을 묻자 공자는 이렇게 대답했다.

"가르치지도 않고 꺾어 버리는 것을 학대라 하고, 조심하고 주의
하지 않으면서 성공을 보려는 것을 포악이라 하며, 명령을 게을리
하면서 기일을 맞추려는 것을 도둑놈 심보라 하고, 마땅히 남에게
주어야 할 것인데도 내어 주거나 받아들이는 데 인색한 것을 쩨쩨
함이라 한다."[130]

———————— 《논어》〈요왈〉

훗날 철학을 배우면서 공자가 제시한 사악의 마지막 부분이 유

독 폐부를 찔렀다. 아르헨티나의 문호 마누엘 푸익의 소설《거미 여인의 키스》에도 이런 말이 있다.

"받을 줄 모르는 사람은 구두쇠야. 그런 사람은 자기 것을 주는 것도 싫어하거든."

첫 아이가 태어났을 때 함께 상담 교육을 들었던 동료 한 분이 유모차를 사 드리고 싶다며 백만 원을 부쳐 왔다. 학생인 내게는 큰 돈이라 순간 받아야 될지, 정중히 거절해야 될지를 고민하지 않을 수 없었다. 아내와 상의한 끝에 우리는 감사히 그 마음을 받기로 했다. 나는 그분께 이렇게 말씀드렸다.

"제가 배우기로는 받을 줄 아는 사람이 줄 줄도 알고, 줄 줄 아는 사람이 받을 줄도 안다고 합니다. 선생님께서 베풀어 주신 귀한 마음을 잘 간직했다가 저도 꼭 필요한 사람에게 돌려주겠습니다."

등산을 하다 보면 물은 떨어졌는데 목이 타는 순간을 맞닥뜨릴 때가 있다. 이때 우연히 마주친 누군가가 시원한 물 한 잔을 건넨다면 그것을 거절하거나 마다할 필요는 없다. 물을 건넨 사람은 이미 타는 듯한 갈증에 공감하고 있기 때문이다. 어쩌면 그도 고통스러운 상황에 누군가로부터 물을 건네받은 적이 있었을지 모른다.

물을 건넨 그 사람에게 보답하겠다며 그를 찾아 온 산을 헤맬 필요는 더더욱 없다. 그 사람은 내게 아무 사심 없이 물을 건넸다. 나역시 언젠가 그날의 나와 비슷한 처지에 놓인 사람을 만나면 마찬가지로 아무 사심 없이 도움의 손길을 내미는 것으로 족하다.

맹자는 이렇게 말했다. "사람에게는 모두 차마 그럴 수 없는 마음이 있다. 그 근거란 갑자기 어린아이가 우물에 들어가려는 것을 보면 모두가 깜짝 놀라고 불쌍히 여기는 마음을 갖게 되는 것이다. 그렇게 함으로써 어린아이의 부모와 교분을 맺으려는 것도 아니며, 그렇게 함으로써 마을 사람들과 친구들에게 명예롭게 되기를 바라는 것도 아니며, 왜 가만히 있었냐며 비난하는 소리를 듣기 싫어서 그런 것도 아니다."[131]

이 말은 훗날 유자입정孺子入井과 불인지심不忍之心의 유래가 되었다. 유자입정은 '젖먹이가 우물에 빠지려는 것'이라는 뜻으로 어린아이가 우물에 빠지려 할 때 저절로 드는 마음을 상징한다. 불인지심은 '차마 모른 척 외면할 수 없는 마음'을 의미한다. 맹자가 살았던 시대와 지금의 환경을 비교해 보면 많은 것이 바뀌었을 테지만 아무리 세상이 변하더라도 사람의 마음 한구석에는 변치 않는 부분 역시 분명히 존재하는 듯하다.

우물 안의 개구리

평일을 마무리하며 긴장이 풀리고 설렘을 감추기 어려운 금요일이다. 마음의 여유가 한층 생기지만 그럼으로써 충동적으로 일을 저지르거나 나도 모르게 실수를 범하기도 한다. 공자는 《논어》의 〈술이〉에서 불손함과 고루함에 대해 이야기했다.

공자께서 말씀하셨다.

"사치스러우면 불손하고 검소하면 고루하다. 불손하기보다는 차라리 고루한 것이 낫다."[132]

———————— 《논어》〈술이〉

여기서 사치스러움을 뜻하는 '사奢'에는 '넉넉하다'는 뜻이 담겨 있다. 불손이란 겸손하지 못하다는 뜻이다. 겸손이란 '남을 존중하고 자신을 내세우지 않는 태도'이므로 이를 종합하면 '넉넉한 사람에게는 자신을 내세우고 남을 존중하지 않는 경향이 있다'는 것이 공자 말씀의 핵심이다.

검소함을 뜻하는 '검儉'에는 '부족하다'는 뜻이 담겨 있으며 고루함을 뜻하는 '고固'에는 '우기다'라는 뜻이 담겨 있다. 종합하면 '부족한 사람에게는 우기는 성향이 있다'는 것이다. 이어 공자는 이렇게 말한다. "넉넉해서 자신을 내세우기만 할 뿐 남을 존중하지 못할 바에야 차라리 조금 부족해서 우기는 것이 더 낫다."

공자의 말은 현대인들에게도 시사하는 바가 크다. 언제부턴가 SNS를 보면 이런 생각에 사로잡힐 때가 있다. '넉넉한 사람은 자신을 내세우기에 바쁘고 부족한 사람은 우기기에 바쁜 것 같다.' 둘 다 중용에서 벗어나 있는 것만큼은 분명하다. 그럼에도 공자가 '부족하더라도 우기는 사람'이 낫다고 말한 까닭에는 세상에 넉넉한 이보다 부족한 이가 훨씬 많기 때문이다. 공자는 차라리 자신이 부족하다는 것을 아는 사람이 더 낫다고 생각했는지도 모른다.

《장자》에는 스스로 넉넉하다고 생각하는 이들의 세 가지 표상이 등장한다.

가을철이 되면 불어난 모든 냇물이 황하로 흘러든다. 그 흐름이 어찌나 큰지 양쪽 물가 언덕의 거리가 상대편에 있는 소나 말을 분별할 수 없을 정도다. 이 광경을 지켜보던 황하의 신 하백은 천하의 아름다움이 모두 내게 있다는 생각에 몹시 기뻤다. 강물의 흐름을 따라 동쪽으로 쭉 가다 보니 북해에 이르렀다. 북해에 도착해 동쪽을 바라보니 물가의 끝이 보이지 않았다. 황하의 신은 그제야 얼굴을 돌려 북해의 신 약을 우러러보고 탄식하며 이렇게 말했다.

"속담에 '백 가지 도리를 깨치고는 나만 한 사람은 또 없을 것이라 생각하는 자가 있다'고 하였는데 그게 바로 저를 두고 한 말이었군요."

북해의 신 약이 말했다.

"우물 안 개구리에게 바다에 대하여 얘기해도 알지 못하는 것은 공간의 구속을 받고 있기 때문이다. 여름 벌레에게 얼음에 대하여 얘기해도 알지 못하는 것은 시간의 구속을 받고 있기 때문이다. 마음이 비뚤어진 사람에게 진리에 대하여 얘기해도 알지 못하는 것은 자신만이 옳다는 생각에 속박되어 있기 때문이다."[133]

——————— 《장자》〈추수〉

들뜨더라도 덤덤해지기

우물 안 개구리, 여름 한철만 사는 벌레, 마음이 비뚤어진 사람은 모두 넉넉함의 상징이다. 우물 안 개구리는 자신이 몸담고 있는 우물이 넉넉하기 때문에 우물 밖이 궁금하지 않다. 여름 한철만 사는 벌레는 여름만으로 시간이 넉넉하기에 얼음을 궁금해할 이유가 없다. 또 마음이 비뚤어진 사람은 자신의 경험과 깨달음이 넉넉하기에 다른 사람의 경험과 깨달음이 궁금하지 않다. 이는 마치 강의 신 하백이 바다를 보기 전까지는 자신의 아름다움에 취해 스스로의 부족함을 깨닫지 못한 것과 같은 이치다.

'할 수 있다'는 말에는 두 가지 뜻이 담겼다. 첫째는 이미 할 수 있는 능력이 된다는 것이다. 둘째는 장차 할 수 있는 가능성이 많다는 것이다. 넉넉하지만 자신을 내세우지 않고 남을 존중할 줄 아는 사람은 이미 할 수 있는 능력에 더해 장차 할 수 있는 가능성까지 확보할 수 있다. 하지만 넉넉하기에 자신을 내세울 뿐 남을 배려하지 못하는 사람은 자신의 능력이 주는 우쭐함에 빠진 나머지 앞으로 펼쳐질 가능성을 보지 못한다.

넉넉하지 않고 부족한 사람도 마찬가지다. 부족해도 우기지 않는 사람은 당장 능력이 부족해도 무한한 가능성을 꿈꿀 수 있다. 하지만 부족한데 우기기까지 하는 사람은 이미 가지고 있는 능력부터 미래의 가능성까지 모두 잃게 될 소지가 있다.

금요일이 설레는 이유는 다름 아닌 마음의 여유에 있다. 마음에 우물만큼의 여유가 생긴 사람은 개구리만큼의 설렘을 맛볼 것이다.

마음에 한 계절만큼의 여유가 생긴 사람은 여름만 사는 벌레만큼의 설렘이 있을 것이다. 마음이 닫힌 사람은 자신의 경험과 깨달음만큼의 설렘만이 있을 것이다.

마음의 여유가 물적 여유와 상관이 없다고 할 수는 없지만 꼭 물적 여유만이 마음을 여유롭게 해 주는 것은 아니다. 어쩌면 마음의 여유는 인색함과 쩨쩨함으로 스스로를 한계 짓는 대신, 열린 자세로 주고받을 수 있는 가능성에서 피어나는 것인지도 모른다. 사람은 누구나 조금씩은 부족하다. 그렇기에 서로 주고받을 수 있다. 별 이유 없이 무언가를 받게 된다면 넉넉한 사람이든 부족한 사람이든 감사할 것이다. 별 이유 없이 무언가를 줄 생각이 든다면 넉넉한 사람이나 부족한 사람이나 설렐 것이다. 형편이 넉넉하지 않아도 넉넉한 마음으로 도움을 주고받는 세상. 그것이 공자와 장자가 꿈꿨던 세상이다.

무언가를 좇으면
반드시 쫓기게 된다

2015년 겨울은 내게 좀처럼 잊히지 않는 시기다. 당시에 나는 술에 취해 사고를 치고 재판을 기다리고 있었다. 어디론가 도망치고 싶다는 생각이 간절했다. 착잡한 마음에 홀로 소주를 마셨다. 취기가 오르자 도망치고 싶다는 생각이 도망가야겠다는 충동으로 바뀌었다.

그 자리에서 싱가포르에 사는 친구에게 전화를 걸었다. 지금 갈 테니 얼마간 신세 좀 지자는 내 말에 친구는 알겠다고 하였다. 나는 곧바로 집으로 돌아가 여권과 함께 꼬깃꼬깃 모아 뒀던 전 재산을 챙겼다. 그때 등 뒤로 '또 어딜 나가느냐'는 엄마의 외침이 들렸다. 엄마가 쫓아올까 두려운 마음에 정신없이 집 밖으로 뛰쳐나갔다.

공항에 도착하니 벌써 자정이 넘은 시간이었다. 싱가포르행 비행기는 아침이 되어서야 출발하는 것뿐이었다. 술에 취한 사람은 종종 자신의 충동을 억누르지 못한다. 나는 아침까지 기다릴 자신이 없었다. 그때였다. 전광판에서 곧 출발하는 홍콩행 비행기가 눈에 들어왔다. 이번에는 그 당시에 자주 연락을 주고받던 홍콩인 친구에게 전화를 걸었다. 지금 홍콩으로 가려는데 나를 데리러 좀 나와 줄 수 있겠느냐고 물었다. 술에 잔뜩 취한 상태에서 통화를 하기는 처음이라 그 친구는 조금 당황한 듯하며 내게 물었다. "나가는 건 어렵지 않은데. 도대체 무슨 일이야?"

나는 간략하게 내가 처한 상황을 설명했다. 잘못을 저질러 재판을 받게 되는데 도무지 법정에 설 용기가 나지 않는다, 이참에 한국을 떠나려 한다, 잠시만 신세를 지고 홍콩에서 내 살길을 찾아보겠다. 이런 말을 아무렇게나 쏟아 냈다. 친구는 가만히 내 이야기를 들을 뿐이었다. 이윽고 수화기 너머로 친구의 목소리가 들려왔다.

"이봐, 너 제갈량의 후손 아니야? 도망치는 건 제갈량의 후손답지 않아. 형벌로 다리가 잘린 너를 위해서라면 얼마든지 마중 나갈 수 있지. 그렇지만 평생을 쫓기듯 살아갈 사람이라면 그러고 싶지 않아. 총욕불경寵辱不驚, 치지도외置之度外. 지금 너한테 꼭 필요한 말 같아. 서운하게 생각하지 않았으면 좋겠어. 느긋하게 즐길 수 있을 때 다시 연락 줘. 그땐 내가 근사하게 대접할 테니까."

결국 나는 그날 어디로도 가지 못했다. 공항 로비에서 깜빡 잠에 들었고 눈을 떴을 땐 부모님과 친구들이 나를 에워싸고 있었다. 얼마 후 나는 순순히 재판을 받았고 죗값을 치러야만 했다. 다행히 교도소에 들어가는 일은 면할 수 있었다.

"총욕불경 치지도외"
내버려둘 줄 아는 지혜

대학원에서 한 학기 동안 노자 철학 수업을 들었다.《도덕경》에서 '총욕약경寵辱若驚'을 마주쳤을 때, 불현듯 홍콩인 친구가 해 준 말이 떠올랐다.《도덕경》에 실린 말을 해석하면 다음과 같다.

"총애를 받거나 수모를 당하거나 모두 깜짝 놀란 듯이 하라. 큰 환난을 내 몸처럼 귀하게 여겨라."[134]

그제야 알게 되었다. 총욕불경이라는 말이《도덕경》의 총욕약경에서 유래했음을. 총욕불경은 '총애를 받거나 수모를 당해도 놀라지 말라'는 뜻이다. 노자가 말한 '깜짝 놀란 듯이 하라'는 바꿔 말하면 '놀라지 말라'는 뜻이었던 셈이다. '놀랄 경驚'에는 '경계하며 두려워하라'는 뜻이 함께 담겨 있다. 총애를 받든 수모를 당하든 오직 경계할 것. 총애를 받든 수모를 당하든 두려워하지 않을 것. 그것이 총욕약경이며 총욕불경인 셈이다. 큰 횡재나 큰 환난 이 두 가지를 모두 내 몸처럼 귀하게 여길 줄 아는 사람만이 총욕약경과 총욕불경의 경지에서 노닐 수 있다.

치지도외는 '당장 어찌할 수 없는 일은 내버려두고 문제 삼지 않는다'는 뜻이다. '마음에 두지 아니함'을 뜻하는 '도외시'와 같은 의미다. 치지도외의 유래는 중국 후한의 역사를 정리한《후한서》에서 찾을 수 있다. 후한의 첫 번째 황제인 광무제가 한나라를 재건할 당시 두 저항 세력이었던 외효와 공손술은 골칫거리였다. 광무제에게 이들은 언젠가 토벌해야 할 대상이었다. 당시 외효의 아들은 광무제를 모시고 있었다. 그래서 외효는 섣불리 움직일 수 없었다. 함부로 움직였다간 아들이 위험에 빠질 게 분명했기 때문이다. 또한 공손술의 근거지는 먼 변두리 지방에 있었다. 군사를 일으켜 공손술을 토벌하기란 단기간에 해결될 일이 아니었다. 결국 이러지도 저러지도 못하는 상황에서 광무제는 신하들에게 이렇게 말했다.

"당분간 내버려두고 문제 삼지 맙시다."[135]

이제 나는 그날 공항에서 홍콩인 친구에게 들었던 말을 이해할 수 있게 되었다. '수모를 당하더라도 너무 두려워하지 말고, 이미 어찌할 수 없는 일은 내버려두고 문제 삼지 말라. 그게 너를 위한 일이다. 쫓기는 느낌을 더는 받지 않아도 될 때 웃는 얼굴로 다시 만나자.' 아마도 홍콩인 친구는 이런 말을 전하고 싶었던 것 같다.

대지처럼 넓고 빈 배처럼 텅 빈 군자의 마음

어떻게 하면 총애를 받을까. 어떻게 하면 수모를 피할 수 있을까. 우리의 삶은 이 두 가지를 치열하게 고민하는 일로 점철되어 있다. 금요일에는 그런 치열함에서 오는 긴장을 잠시나마 덜 수 있기 때문에 설렘을 느끼는 것이 아닐까. 공자와 장자는 '설렘'의 다른 말이 '설레지 않는 듯이 함'임을 잊지 말라고 조언한다.

> 공자께서 말씀하셨다.
> "군자는 탄탕탕坦蕩蕩 소인은 장척척長戚戚이니, 군자는 평온하고 느긋하지만 소인은 늘 조마조마하며 초조해한다."[136]
>
> ──────── 《논어》〈술이〉

탄탕탕은 '넓고 아득하게 펼쳐진 평탄한 모양'을, 장척척은 '어떠한 두려움 때문에 항상 속을 태우거나 우울함'을 뜻한다. 군자의 마음은 평평한 대지를 느긋하고 편하게 걸을 때와 같다. 반면 소인의 마음은 두려움에 떨거나 슬퍼하는 일, 성을 내거나 근심하는 일로 가득하다.

군자와 소인의 마음가짐은 쫓기듯 사는가 그렇지 않은가에 달려 있다. 어렸을 때 해 본 술래잡기 놀이에서는 쫓는 사람과 쫓기는 사람이 계속 바뀐다. 쫓기지 않으려면 이를 악물고 다른 사람을 쫓아야 한다. 하지만 지금은 쫓고 있더라도 언제든 쫓기는 신세가 될 수 있기 때문에 쫓고 있어도 쫓기는 듯한 느낌을 지울 수 없다.

억지로 총애를 받고자 애쓰는 사람은 '총애를 받지 못하면 어쩌나' 싶은 마음에 쫓긴다. 억지로 수모를 당하지 않고자 애쓰는 사람은 '수모를 당하게 되면 어쩌나' 싶은 마음에 쫓긴다. 결국 이런 사람은 무언가를 열심히 쫓는 데 정신이 팔려 쫓기는 듯한 느낌이 어디서 오는지 분별할 수 없게 된다. 소인의 마음이 항상 초조한 이유는 이 지긋지긋한 술래잡기가 언제 끝날지 알 수 없다는 불안감 때문이다.

군자는 총애를 받든 수모를 당하든 놀라거나 두려워하지 않는다. 술래잡기에 참여하지 않는다면 갑자기 술래가 튀어나와도 놀라지 않는 것과 같은 이치다. 이로써 군자는 평화롭고 느긋한 태도를 유지할 수 있다.

"만약 빈 배가 와서 자기 배에 부딪혔다면 비록 성질이 급하고 마음이 좁은 사람이라도 화를 내지 않을 것이다. 그런데 만일 그 배 위에 한 사람이라도 있다면 물러나라고 소리칠 것이다. 한 번 소리쳐 듣지 못하면 두 번 소리치고 그래도 듣지 못하면 세 번 소리치며 반드시 나쁜 소리가 뒤따를 것이다. 앞에선 화내지 않다가 지금은 화내는 이유는, 앞의 것은 빈 배였지만 지금은 사람이 타고 있기 때문이다. 사람이 자기를 텅 비게 하고서 세상을 노닌다면 누가 그를 해칠 수 있겠는가?"[137]

———————— 《장자》〈산목〉

군자란 자기 자신을 빈 배처럼 텅 비운 사람이다. 쫓는 사람과 쫓기는 사람이 없다면 술래잡기는 성립할 수 없듯이 자신을 텅 비운 사람에게는 어떠한 총애나 모욕도 큰 의미를 갖지 못한다. 이어

장자는 자신을 텅 비우는 구체적인 방법을 제시한다.

또 온 세상이 모두 그를 칭찬하더라도 더 애쓰지 않았고 온 세상
이 모두 그를 비난하더라도 더 풀 죽지 않았다. 안과 밖의 구분을
일정하게 알고 영예와 치욕의 끝을 분별하고 있었기에 그럴 수 있
었다. 그는 세상일에 급급하지 않았다.[138]

——————— 《장자》〈소요유〉

장자는 이런 일이 안과 밖의 구분을 일정하게 지킴으로써 가능
하다고 하였다. 안의 것, 즉 내면은 스스로 어찌해 볼 수 있기 때문
에 철저히 스스로에게 달린 것이다. 외부의 것은 내가 어찌할 수 없
는 영역이다. 그래서 스스로에게 달려 있지 않은 것이다.

영예와 치욕에는 나의 노력과 의지만으로 얻거나 피할 수 없다
는 한계가 있다. 군자는 이를 알고 영예를 얻거나 치욕을 피하고자
아등바등하지 않는다. 다만 영예와 치욕 때문에 내면에 변화가 생
길 것을 두려워할 뿐이다. 배에 한 사람이라도 타게 될 것을, 그래
서 더는 빈 배로 세상을 노닐 수 없게 될 것을 경계한다는 뜻이다.

소인은 영예를 얻고자 애쓴다. 그러다 작은 영예라도 얻게 되면
더 큰 영예를 얻고자 더욱 힘을 기울인다. 또 소인은 비난을 피하고
자 애쓴다. 그러다 작은 비난이라도 받게 되면 풀이 죽은 상태에서
헤어 나오지 못한다. 결국 소인은 점점 더 영예와 치욕에 쫓기는 삶
을 살게 될 뿐이다.

군자는 세상의 평가에 초연하여 급급하지 않지만 소인은 세상의 평가에 급급하여 초연할 수 없다. 스스로의 마음을 비워 총애를 받든 수모를 당하든 놀라지 않는 일. 어찌해 볼 수 없는 것은 문제 삼지 않고 내버려두는 일. 군자와 소인을 가르는 것은 총욕불경과 치지도외 이 두 단어에 있을 뿐인지도 모른다.

———————— 土 曜 日 ————————

6장

긍 정 의

토 요 일

•

"나를 이해하기 좋은 날"

사람의 네 가지 본성

한동안 즐겨 보던 TV 프로그램이 있다. 바로 〈동물의 왕국〉이다. 보고 있자면 나도 모르게 집중이 되었다. 각양각색 동물들의 행동 양식이 인간들과 크게 다르지 않았기 때문이다. 그래서 가끔은 '인간도 동물인데 어째서 〈동물의 왕국〉에서 인간을 주제로 다루지 않을까?' 하는 엉뚱한 궁금증이 들기도 하였다.

인간이 동물임은 엄연한 사실이지만 짐승과 사람은 조금 다르다. 예로부터 우리는 '짐승만도 못한 인간', '인두겁만 뒤집어쓴 짐승' 등의 말로 사람답게 살지 못하는 사람을 짐승에 빗대어 왔다. 비슷한 예로 일본에서는 사람답지 않은 사람을 가리켜 '칙쇼ちくしょう' 라고 한다. 이는 가축이라는 뜻을 담고 있다. 그렇다면 과연 짐승과 사람은 어떻게 다를까? 묻지 않을 수 없다.

사람의 네 가지 본성: 측은, 수오, 사양, 시비

《맹자》의 〈고자 상〉에는 다음과 같은 고자의 말이 실려 있다. "삶의 본능을 성性이라고 한다."[139] 그러자 맹자는 고자에게 이렇게 반문한다. "그렇다면 개의 성이 소의 성과 같으며 소의 성은 사람의 성과 같은가?"[140]

중국 남송의 철학자 주자[141]는 《맹자집주》에서 맹자와 고자의 대화에 대한 자신의 생각을 이야기했다.[142] 한마디로 사람과 짐승의 가장 큰 차이점은 '인의예지仁義禮智'에 있다는 것이다. 《맹자》에는 인의예지의 네 가지 개념에 대한 해설이 실려 있다.

"측은지심惻隱之心은 인仁의 단서이고 수오지심羞惡之心은 의義의 단서이며 사양지심辭讓之心은 예禮의 단서이고 시비지심是非之心은 지智의 단서이다."[143]

사실 인의예지를 정확히 딱 잘라 말하기에는 어려움이 있다. 하지만 맹자가 인의예지의 실마리로 제시하는 네 가지 마음에 기반하면 인의예지의 의미를 어느 정도 유추해 볼 수 있다.

측은지심은 '다른 사람의 불행을 불쌍하게 여기는 마음'이다. 맹자는 측은지심이 어짊의 실마리가 된다고 하였다. 수오지심은 '자신의 잘못을 부끄러워하고 타인의 잘못을 미워하는 마음'이다. 맹자는 수오지심이 정의로움의 실마리라고 하였다. 사양지심은 '자신을 내세우지 않고 남에게 양보하는 마음'이다. 맹자는 사양지심이 예절의 실마리라고 하였다. 마지막으로 시비지심은 '옳고 그름을 분별할 수 있는 마음'이다. 맹자는 시비지심이 지혜로움의 실마리가 된다고 하였다.

주자는 태어나 죽기까지 학습하고 느끼며 활동한다는 점에서 짐승과 사람이 다를 바 없다고 하였다. 하지만 측은지심, 수오지심, 사양지심, 시비지심은 오직 사람만이 가질 수 있다고 하였다.

주자에 따르면 앞서 말한 네 가지 마음은 모두 하늘이 사람에게 선천적으로 부여한 본성이다. 오직 사람에게만 있고 짐승에게는 없는 이 본성을 통해 사람은 진정 사람다워질 수 있고, 다시 사람과 짐승은 구별될 수 있다. 이런 관점에서 보면 〈동물의 왕국〉에서 사람을 주제로 다루지 않는 것도 이해가 된다. 〈동물의 왕국〉은 '본능으로서의 삶'만을 다룰 뿐 '본성으로서의 인의예지'는 다루지 않는다. 삶에 대한 본능만 있다면 그는 짐승이다. 하지만 인의예지의 실마리가 되는 측은, 수오, 사양, 시비의 네 가지 마음을 가졌다면 그는 사람이다.

공자께서 말씀하셨다.
"아는 것은 좋아하는 것만 못하고 좋아하는 것은 즐거워하는 것만 못하다."[144]

———————— 《논어》〈옹야〉

세상을 살면서 어짊과 정의로움, 예절과 지혜가 필요하다는 사실을 모르는 사람은 없다. 어떤 이들은 인의예지의 진정한 의미를 밝혀내고자 심혈을 기울이기도 한다. 자신이 깨달은 만큼의 인의예지를 삶 속에서 진실로 실천하고자 애를 쓰는 사람들 역시 의외로 많다.

하지만 무언가에 대한 지극한 앎을 가진 사람도, 또 그 앎을 실천에 옮기고자 밤낮없이 노력하는 사람도 쉽게 따를 수 없는 사람이 있다. 그것이 바로 무언가를 정말로 좋아하는 사람이다.

좋아한다는 말과 즐거워한다는 말은 비슷한 말처럼 들린다. 하지만 공자는 이 둘을 서로 다른 개념으로 분리해서 썼다. 좋아함이 애타게 그리는 마음을 의미한다면 즐거워함은 편안하게 여기는 마음을 의미한다. 예컨대 꿈에서도 그려 왔던 이상형을 만났지만 그와 함께 있을 때마다 어딘지 모르게 불편하다면 어떨까. 그는 내가 좋아하는 누군가일 뿐 내게 즐거운 상황을 만들어 주는 사람은 아닌 것이다. 이는 인의예지에 있어서도 마찬가지다. 인의예지의 정신이 진정 빛을 발하려면 이를 알고 실천하는 것도, 이를 좋아하는 것도 중요하지만 나아가 인의예지가 자신의 본성임을 편안하게 여길 수 있어야 한다.

많이 알고 있는 사람도 앎을 실천하기 위해 노력하는 사람은 이길 수 없다. 밤낮없이 노력하는 사람도 이것을 정말로 좋아하는 사람은 이길 수 없다. 하지만 그 누구도 이것을 편안하게 여기는 사람은 쉽게 따를 수 없다.

수양이 부족하면 놀라기만 한다

《장자》의 〈산목〉에는 인품을 수양하는 태도에 대해 엿볼 수 있는 일화가 실려 있다.

하루는 장자가 숲속에서 이상한 까치 한 마리와 마주쳤다. 유달리 날개도 크고 눈도 부리부리해 예사롭지 않은 까치였다. 이 거대한 까치는 장자의 이마를 스치듯 날아 밤나무 숲속으로 들어갔다. 장자는 부리나케 까치를 쫓아갔다. 멀리서 보니 까치는 무언가에 온통 정신이 팔려 있었다. 옳다구나 싶은 생각에 장자는 바지를 걷고 조금 더 가까이 다가갔다. 까치는 아무것도 모른 채 여전히 나무 기둥만 뚫어져라 쳐다보고 있었다. 그곳에는 매미 한 마리가 쉬고 있었다. 장자는 곧 까치를 향해 활시위를 힘껏 잡아당겼다. 그때 장자의 눈에 움직이는 물체가 하나 더 띄었다. 그곳에는 사마귀 한 마리가 나뭇잎에 자신을 숨기고 매미를 향해 막 앞발을 쳐들고 있었다. 그리고 자세히 보니 까치는 매미가 아니라 그 사마귀를 노리고 있었다.[145]

그 장면을 가만히 지켜보던 장자는 소스라치게 놀라 손에 들고 있던 활을 내팽개치고 정신없이 내달리기 시작했다. 숲속에서 돌아온 장자는 사흘 동안이나 시름시름 앓았다. 그러자 장자의 제자인 인저가 장자에게 물었다.

"숲속에서 무슨 일이 있었습니까? 선생님 컨디션이 영 좋지 못한 듯합니다."

장자가 대답했다.

"내가 며칠 전 숲속에서 까치에게 활을 겨누고 있는데 까치는 그 것도 모른 채 사마귀를 노리고 있었다. 사마귀는 까치가 자신을 노리는 것도 모른 채 매미를 향해 앞발을 쳐들고 있었다. 매미는 아무 것도 모른 채 나무 그늘에 앉아 편히 쉬고 있었다. 문득 내가 알아 차리지 못하고 있을 뿐 누군가 나를 노리고 있을지도 모른다는 생각에 등골이 오싹해졌다. 뒤도 돌아보지 않고 도망쳤는데 아니나 다를까 산림을 관리하는 사람이 쫓아와 갑자기 활을 버리고 도망친 이유를 캐물었다. 그는 나를 도적으로 알았던 것이다.

매미도 사마귀도 까치도 나도 모두 마찬가지다. 당장 눈앞의 이 익에만 눈이 멀어 목숨을 잃거나 크게 몸을 상할 뻔하였다. 이제껏 이런 식으로 나를 이롭게 하려다 오히려 나를 해친 경우가 얼마나 많았는지를 생각하다 보니 나는 그만 병에 걸리고 말았다."

걷는 놈 위에 뛰는 놈 있고 뛰는 놈 위에 나는 놈이 있다. 그리고 나는 놈 위에는 가만히 지켜보는 놈이 있다. 걷는 놈은 걷는 놈만 볼 수 있지만 지켜보는 놈은 나는 놈, 뛰는 놈, 걷는 놈을 다 볼 수 있다. 그래서 걷는 놈은 다른 놈을 보면 화들짝 놀라기 바쁘지만 높은 곳에 떠서 가만히 지켜보는 놈은 모두를 내려다보고 있기에 차분하고 평온한 상태를 유지할 수 있다.

이는 본성의 수양에 있어서도 마찬가지다. 동양에서는 인의예지를 '사덕四德'이라 하고 측은, 수오, 사양, 시비의 네 가지 마음을 '사단四端'이라 한다. 사덕과 사단이 얼마나 깊게 갈리고 넓게 닦였는가에 따라 한 사람의 인품이 좌우된다. 그래서 짐승 같은 인품으로 살아가는 사람도 있고, 성인의 인품으로 살아가는 사람도 있다.

짐승 같은 사람은 사덕과 사단을 알려고 하지도 않고 좋아하지도 않으며 즐거워하지도 않는다. 사람의 본성을 귀하게 여길 줄 모르기에 이들의 삶은 짐승과 다를 바 없다. 하지만 사덕과 사단을 알고자 애쓰고 좋아하고자 수고하며 이것이 편안해지도록 노력할 때 사람은 군자의 길로 나아갈 수 있다.

인품이란 상대적인 것이다. 수양이 부족한 사람은 잘 갈고닦은 인품을 보고 놀랄 일이 많지만 수양이 잘된 사람은 어떤 인품을 보더라도 담담하다. 내 본성의 상태와 인품의 현주소를 찬찬히 돌아볼 때 사람과 짐승의 분기점은 어디에 있는가, 그 실마리를 잡을 수 있을지도 모른다.

꿈의 크기보다 중요한 것이 있다

중학생 때 짝꿍이었던 친구가 있다. 십여 년이 지난 지금도 그 친구의 이름과 생김새가 떠오른다. 쉽게 지워지지 않는, 어떠한 인상을 받았기 때문일 것이다. 하루는 그 친구에게 커서 뭐가 되고 싶은지를 물었다. 그러자 친구는 이렇게 대답했다. "나? 그냥 자그마한 슈퍼마켓 주인장?" 시간을 돌릴 수 있다면 한마디 더 묻고 싶다. 왜 슈퍼마켓 주인이 되고 싶은지, 왜 하필 '자그마한' 슈퍼마켓인지. 하지만 당시의 나는 말없이 고개를 끄덕였을 뿐이다. 더 이상 대화를 이어 가진 않았지만 속으론 이런 생각을 했던 것 같다.

'명색이 사내대장부가 뭐 이리 사소한 꿈을 가졌나. 무릇 사내라면 위인전에 실릴 만한 인물이 되어야겠다는 생각을 품고 사는 게 폼 나지 않나?'

꿈은 이루어야 하는 것

사실 청소년기에 원대한 꿈을 갖는 일은 무척 중요하다. 그래서 청소년을 상담하게 되면 나는 반드시 꿈을 물어본다. 어떤 친구는 군인이, 어떤 친구는 경찰이 되고 싶다고 한다. 그러면 나는 기왕이면 참모총장이나 국방부 장관이, 경찰청장이나 경찰대학장이 되었으면 좋겠다고 말한다. 희망과 용기를 북돋우기 위함이라기보다는 나의 진실한 바람을 이야기하는 것이다.

한번은 아들을 의대에 진학시킨 한 어머니와 대화를 나눌 기회가 있었다. 그 어머니는 이렇게 말했다. "눈만 뜨면 서울대 의대에 가라며 노래를 불렀더니 지방대 의대라도 가더라고요. 어쨌든 괜찮아요. 그 덕분에 의대에 간 것 아니겠어요?" 어쩌면 어머니의 말이 맞을 수도 있겠단 생각이 들었다.

큰 꿈을 다른 말로 하면 '큰 그릇'이다. 그릇이 크든 작든 넘쳐흐르지 않는 이상 부족함을 느끼는 것은 당연하다. 원체 그릇이 크다면 물이 반만 차도 사람들은 '물을 참 많이 가졌다'고 이야기할 것이다. 하지만 그릇 자체가 작고 비좁다면 넘치기 일보 직전이라도 사람들은 '물이 적다'며 안타까워할 것이다. 큰 그릇엔 많은 물도 채울 수 있고 적은 물도 채울 수 있지만 작은 그릇엔 적은 물밖에 채워지지 않는다. 그러므로 큰 꿈을 가지고 살아간다는 것은 선택지가 더 많음을 의미한다.

현실이 이상을 따라잡기란 불가능에 가깝다. 욕심은 무한한데 현실적으로 주어지는 것들엔 늘 한계가 있기 때문이다. 그래서 많은 사람이 현실과 이상 중 한 가지에 집중하며 살아간다. 현실에서 승리하고 이상에서 패배하면 이기고도 진 듯한 느낌을 받는다. 반면 현실에선 패배했지만 이상에선 승리하게 되면 지고도 마치 이긴 듯한 느낌을 받게 된다. 어느 쪽을 선택할지는 각자의 몫이다.

정말 중요한 것은 나의 꿈이 진정 나의 것인가를 자문하는 일이다. 여전히 많은 사람이 내가 정말로 하고 싶은 일이 무엇인지를 모른 채 살아간다. 현실과 이상의 괴리 때문에, 부모의 꿈과 나의 꿈의 불일치 때문에, 다른 사람들의 시선 때문에 그러한 경우가 허다하다. 나 역시 예외는 아니라 결코 꿈꿔 왔던 사람이 되어서 꿈꿔왔던 일을 하며 살아간다고 자신 있게 말할 수 없다.

그래서 요즈음 나는 중학생 때 나의 짝꿍이 부럽다. 자그마한 슈퍼마켓 주인장이 그 친구 부모님의 꿈이었을 가능성은 낮기 때문이다. 어쩌면 큰 꿈을 갖는 것보다 값진 것은 온전한 나만의 꿈을 키우고 실현하는 일일 것이다. 원대한 꿈을 꾸는 것보다 더 중요한 일은 편견과 선입관으로 얼룩지지 않은 꿈을 꾸는 일이다. 욕심이 생기는 것은 당연하다. 하지만 그 욕심이 실은 나의 욕심이 아니거나, 온통 남에게 잘 보이고 싶은 욕심이어서는 곤란하다. 그런 욕심은 채우면 채울수록 충족되기는커녕 공허감만 낳기 때문이다.

되도록 원대한 꿈을 꾸며 그 꿈을 이룰 수 있도록 노력하라는 교육은 숱하게 받아 왔다. 하지만 진짜 꿈을 찾기 위해 욕심을 버리고 마음의 평화를 확보하는 일의 중요성은 어디서도 가르쳐 주지 않았다. 이는 양날의 검을 잡고도 한쪽 날 쓰는 법만 배운 것과 같다.

《대학》에는 이런 말이 있다. "그친 뒤라야 정함이 있고, 정한 뒤라야 고요할 수 있고, 고요해진 뒤라야 편안할 수 있고, 편안해진 뒤라야 생각할 수 있고, 생각한 뒤라야 얻을 수 있다."[146]

진짜 나의 꿈을 찾는 길도 이와 다르지 않다. 일단 마음의 욕심을 그쳐야 누구의 것도 아닌 나만의 꿈을 정할 수 있다. 그러면 마음이 편안해질 것이고 비로소 어떻게 그 꿈을 향해 나아갈지 생각할 수 있다. 이로써 진짜 꿈을 향한 도전의 길은 열릴 수 있다.

세월이 흐른 지금, 그 친구가 어떻게 살고 있는지는 모른다. 만약 정말로 슈퍼마켓 주인이 되었다면 나는 그 친구에게 박수를 보내 주고 싶다. 자신의 꿈을 이뤘기 때문이다. 꿈이 무엇인지조차 모르는 것보다는 작은 꿈이라도 이루는 것이 더 낫다.

벼슬에 실패한 뒤 만인의 스승이 된 공자

나는 어떤 사람이 되고 싶었는가. 또 내가 정말로 하고 싶었던 일은 무엇인가. 여유가 생기는 주말에는 한 번쯤 나의 진정한 꿈에 대해 생각해 보는 것도 좋다. 《논어》와 《장자》에는 공통적으로 초광접여楚狂接輿라는 인물의 노래가 등장한다. 초광접여의 노래에는 나 자신과 진정으로 마주할 수 있는 노하우가 담겨 있다.

초광접여가 노래하면서 공자를 지나가며 말했다.

"봉황새여, 봉황새여, 무슨 덕이 그리도 쇠약한가? 지나간 것은 따질 수 없지만 오는 것은 오히려 따를 수 있으니 그만둘지어다, 그만둘지어다. 오늘날 정치를 좇는 자들은 위태롭다."

공자께서 내리시어 그와 말을 해 보고자 하셨다. 종종걸음으로 피했으므로 그와 말을 할 수 없었다.[147]

———————— 《논어》〈미자〉

초광접여는 '초나라의 미치광이가 수레에 접촉했다'는 뜻이다. 공자의 수레에 가까이 다가온 초광접여의 정체에 대해서는 여러 가지 추측이 가능하지만 어쨌든 그가 초나라 사람으로 세상을 피해 은둔했던 은사隱士였다는 점만큼은 분명한 듯하다.

공자가 활동했던 춘추시대는 사회적으로 매우 혼란한 시기였다. 이런 시기에 활동했던 공자의 이상은 과거의 태평성대를 회복하는 것이었다. 자신의 뜻을 펼치기 위해 공자는 정치가의 길을 모색하지 않을 수 없었다. 벼슬을 얻기 위해 여러 나라를 떠돌았지만 선뜻 공자를 등용하려는 왕은 없었다.

공자가 초나라에 당도했을 때 공자는 이미 육십이 넘은 노인이었다. 초광접여는 그런 공자를 보며 기운이 쇠하여 날개가 꺾인 봉황새를 떠올린 듯하다. 어쩌면 초광접여의 노랫말에는 이런 뜻이 담겨 있었는지도 모른다. "이제 헛되이 정치를 좇는 일은 그만두고 남은 인생이나 잘 마무리함이 어떻겠소."

살아생전의 공자는 자신이 세상에 쓰이길 바랐다. 하지만 고향인 노나라에서 잠깐 벼슬한 것을 제외하면 공자는 한평생 쓰임과 거리가 먼 삶을 살았다. 그런 공자에게 초광접여의 노랫말은 마냥 헛소리로만 들리지 않았다. 현실에서는 좀처럼 꿈이 실현될 기미가 보이지 않는다. 엎친 데 덮친 격으로 살 날조차 얼마 남지 않았다. 공자라고 하여서 답답한 심정이 들지 않았을 리 만무하다.

《장자》에도 초광접여의 노래가 실려 있다. 이는 《논어》에 실린 것보다 훨씬 길고 구체적이다. 그중 핵심이 되는 내용만 발췌하여 소개하고자 한다.

공자가 초나라에 갔을 때 초광접여가 문 앞을 지나가면서 노래하였다.

"미래는 기대할 수 없는 것이고 과거는 돌이킬 수 없는 것이다. 복福은 깃털보다 가볍지만 아무도 그것을 잡을 줄 모르고 화禍는 땅보다 무겁지만 아무도 그것을 피할 줄 모른다. 산나무는 스스로 자라 베이게 되고 기름과 불은 스스로 타들어간다. 계수나무는 먹을 수 있기에 잘려 나가고 옻나무는 옻을 쓸 수 있기에 쪼개진다. 사람들은 모두 쓸모 있는 것의 쓰임만을 알 뿐 아무도 쓸모없는 것의 쓰임은 알지 못한다."[148]

———— 《장자》〈인간세〉

장자 철학에서 '쓰임'은 크게 두 가지로 분류된다. 첫째는 유용지용有用之用으로 쓸모 있는 것의 쓰임이라는 뜻이다. 둘째는 무용지용無用之用으로 쓸모없음의 쓰임이라는 뜻이다. 대체로 사람들은 쓸모가 있어야 한다고 생각하기 쉽다. 하지만 세상에는 결코 그것만이 전부가 아니다. '쓸모없음의 쓰임'도 분명히 존재한다. 도가 철학의 기본 전제 중 하나는 유무상생有無相生이다. 이것은 '있음과 없음이 서로 살려 준다'는 의미로 통용된다. '쓸모 있음'과 '쓸모없음'도 마찬가지다. 악인이 있기 때문에 상대적으로 위인이 돋보이듯이 쓸모없어 보이는 사람이 있을 때 비로소 누군가가 쓸모 있어 보이기 시작한다. 애초에 무용함이 없다면 유용함 역시 파악될 수 없는 셈이다.

오히려 쓸모가 있어서 해를 입는 경우도 있다. 장자는 이를 유용지해有用之害라 하였다. 유용지해란 '쓸모 있음의 해로움'이라는 뜻이다. 초광접여의 노랫말에 등장하는 산나무와 기름불, 계수나무와 옻나무는 모두 쓸모가 있어서 해를 당하는 대표적인 예시다. 잘 자란 산나무는 가공하여 무언가로 만들 수 있다는 쓸모 때문에 무참히 잘려 나간다. 기름불은 빛을 낼 수 있다는 쓸모 때문에 불태워진다. 계수나무의 껍질은 약재로, 옻나무의 진은 색료로 쓰이기에 이것들은 제 명에 살지 못한다.

공자는 자신이 역사에 성인으로 남게 될 것을 죽는 순간까지도 알지 못했다. 어쩌면 끝내 무용한 삶을 살았다는 한탄과 함께 눈을 감았을지도 모른다. 하지만 공자는 숨을 거두고 수천 년이 지난 지금에 이르기까지 세계인들의 기억 속에 자리 잡고 있다. 살아생전엔 그토록 쓰이고 싶었으나 쓰이지 못했던 공자가 다른 어떤 위인보다 불멸하고 있는 아이러니가 계속되고 있는 셈이다.

역사에 가정은 없다지만 만일 공자가 자신의 바람대로 한 나라의 재상이 되어 정치를 펼쳤다면 어떻게 됐을까. 아마 한 시대를 풍미했던 명재상 공자는 있었을지 모르지만 인류의 성인 공자는 없었을 것이다. 천하를 떠돌며 많은 사람을 만나 배우고 이 가르침을 자신과 함께했던 제자들에게 전수했기에 공자의 정신은 역사에 길이 남게 되었다. '쓸모없음의 큰 쓰임'이라는 무용대용無用大用의 가치가 빛을 발한 좋은 예시다.

최선을 다해 노력했지만 쓰이지 못해 서글퍼하는 이들도 많다. 그러나 일찍 자란 풀은 바람을 더 많이 맞고, 할미꽃은 고개를 숙여야지만 그 아름다움이 보인다. 유용함이 반드시 좋은 것도, 무용함이 덜 아름다운 것도 아님을 기억하자.

지나친 예절과
과장된 의리를 조심하라

나를 자식처럼 아끼고 예뻐했던 교수님이 계셨다. 하루는 그분이 유학하던 때의 이야기를 들려주었다.

"자네도 알겠지만 한국 사람들이 예의 빼면 시체 아니겠나. 나도 그랬어. 지도교수님 방에 들어갈 때 노크하는 건 물론이고 나올 땐 거의 절을 하다시피 인사하고 늘 뒷걸음질로 물러 나왔지. 한번은 프랑스에서 온 후배와 함께 교수님을 찾아뵙는데, 이게 웬걸? 후배는 교수님을 친구처럼 대하더라고. 그 모습이 내게는 충격이었어. 물론 문화적인 차이도 있었겠지. 공부만이 능사가 아니야. 사람들과 잘 지내는 법은 또 다른 배움의 영역이지."

그때 교수님이 왜 그런 이야기를 하셨는지 한동안 알 수 없었다. 그러던 중 나의 결혼식에 주례를 서 주셨던 그분의 마지막 한마디에서 그 의미를 찾아냈다.

"이건 선생으로서가 아니라 한 남자로서 해 주고 싶은 말이네. 자네는 늘 내게 예의 바르게 했어. 어쩔 땐 지나치다 싶을 정도로. 내 연구실에서 같이 먹고 마시고 가끔은 자고 가더라도 자네는 한 번도 예의에서 벗어난 행동을 한 적이 없네. 나는 자네가 그러는 게 너무 불편하진 않을까 가끔은 걱정되기도 했네. 예의를 지킨답시고 서로가 불편하다면 그런 예의가 다 무슨 소용이겠나. 자네의 결혼 생활이 불편하지 않았으면 좋겠네."

공자의 한이 된 장례식

인간관계를 한마디로 줄이면 예절이 된다. 예절은 예의와 범절의 준말이다. 예의는 상호 존중을 위해 필요한 말과 행동이고 범절은 그 말과 행동에 절도가 있는 것이다. 예의만 있고 범절이 없으면 좁혀지지 않는 답답함이 생기고 범절만 있고 예의가 없으면 선을 넘을 듯 아슬아슬한 긴장감이 감돈다. 이 답답함과 긴장감 사이를 오가며 기진맥진하게 되는 것이 사회생활이다.

공자에게는 많은 제자가 있었지만 그중에서도 공자가 가장 아끼고 사랑했던 제자는 안회[149]일 것이다. 실제로 《논어》 곳곳에는 안회에 대한 공자의 애틋한 마음이 드러나 있다. 안회는 이른 나이에 요절했다. 공자는 안회가 세상을 떠났다는 소식을 듣고 통곡을 했

다. "하늘이 나를 망치는구나!"라며 탄식하기도 했다.[150]

이처럼 안회에 대한 공자의 애정이 남달랐기에 공자의 제자들은 안회의 장례를 성대하게 치르고자 했다. 하지만 공자는 '안 된다'고 딱 잘라 거절했다. 그럼에도 제자들은 안회의 장례를 성대하게 치러 주었다. 그러자 공자는 슬퍼하며 이렇게 말했다.

"안회는 나를 아버지처럼 대했는데 나는 그를 아들처럼 대하지 못했다. 이는 내 탓이 아니라 저 몇몇 제자들 탓이다."[151]

——————— 《논어》〈선진〉

《논어》에서 공자가 대놓고 남을 탓하는 유일한 대목이다. 이 일이 공자에게는 그만큼 못마땅했다는 방증일 것이다.

공자는 왜 사랑했던 제자의 마지막 가는 길이 조촐하기를 바랐던가. 그 해답은 안회보다도 먼저 세상을 떠났던 공자의 아들 공리를 통해 알 수 있다. 공리가 세상을 떠나자 공자는 아들의 장례를 검소하게 지냈다. 뼈에 사무치도록 슬픈 감정과는 별개로 장례란 형편에 맞도록 지내는 것이 좋다는 자신의 평소 생각을 실천에 옮기기 위해서였다. 그러면서도 공자에게는 아들인 공리가 자신의 뜻을 이해해 주리라는 믿음이 있었다.

공자는 안회를 아들처럼 생각했다. 공자에게도 가난했지만 늘 배움에 열심이었던 안회의 장례를 누구보다 성대하게 치러 주고 싶다는 마음이 있었다. 하지만 공자가 평생에 걸쳐 안회에게 가르쳤던 가치는 다름 아닌 중용이었다. 만일 이러한 가르침에서 벗어나 무리하여 거창한 장례식을 치른다면 안회의 혼백이 이를 기뻐하지 않을 것이라는 게 공자의 생각이었다. 공자와 안회는 물질이 아니라 마음으로 상통하는 사이였기 때문이다. 공자는 안회의 장례를 아들의 장례처럼 치러 주고 싶었다. 아들 같았던 제자를 아들답게 보내 주지 못한 것이 공자는 못내 한스러웠다.

중용이 없는 예는 실례가 된다

대학원에서 내게 상담을 가르쳐 주신 또 다른 교수님도 있다. 그분도 나를 자식처럼 아껴 주셨고 나 역시 그분을 아버지처럼 믿고 따랐다. 하루는 교수님의 외부 강연 소식을 듣고 말도 없이 불쑥 찾아갔다. 선생님은 이 자리에 사랑하는 제자가 왔다며 나를 반겨 주셨다. 강연이 끝난 뒤 나는 지갑에 꼬깃꼬깃 감춰 두었던 오만 원짜리 지폐를 꺼냈다. 그리고 선생님의 책을 다섯 권 사겠다고 하였다. 선생님이 말했다. "네가 내 책을 왜 다섯 권이나 사. 필요하면 그냥 가져가." 하지만 나는 막무가내였다. 제자로서 선생님의 체면을 세워 주고 싶었다. 어쩔 수 없이 책을 내주는 선생님의 표정에 스치듯 머물렀던 쓸쓸함의 의미를 당시엔 알지 못했다. 그러다 훗날 깨달았다. 아버지 같았던 선생님으로 하여금 나를 아들처럼 대하지 못하게 하는 실례를 저질렀음을.

동양에서 중용은 균형과 같은 의미다. 서로를 대하는 마음에 중용이 깃들면 그 관계는 오래 지속될 수 있다. 하지만 중용이 없는 관계에서는 긴장감과 답답함만이 부각되기 쉽다.

"군자의 사귐이란 담담하기가 맹물과 같고 소인의 사귐이란 달콤하기가 단술과 같다. 군자들의 사이는 담담하기에 더욱 친해지고 소인들의 사이는 달콤하지만 결국 끊어지게 된다."[152]

——————— 《장자》〈산목〉

적당한 답답함과 적절한 긴장이 있어야 예절이 성립할 수 있다. 담담하지 못함에서 오는 답답함과 아무런 긴장도 없는 달콤함은 결국 독이라는 것을 아는 사람만이 진정한 예절을 실천할 수 있다.

시장에서 남의 발을 밟으면 잘못을 사과하지만 자기 형의 발을 밟으면 '어이쿠' 소리 정도만 내고 크게 친한 사이면 아무런 표시도 하지 않는다. 그러므로 말한다. "지극한 예는 자기와 남의 구별을 두지 않고 지극한 의로움은 자기와 사건을 구분하지 않고 지극한 슬기로움은 도모하는 일이 없고 지극한 인은 각별히 친한 이가 없고 지극한 신의에는 금전이 개입되지 않는다."[153]

——————— 《장자》〈경상초〉

예절이 지극한 사람은 시간과 장소에 따라 주인공이 바뀔 수 있음을 안다. 다른 말로 하면 세상 모두가 주인공임을 안다는 것이다. 그래서 점차로 너와 나의 구분이 사라진다. 각자의 삶에서 모두가 주인공이기 때문이다. 의리가 지극한 사람은 내 일이 남의 일이 될 수도, 남의 일이 내 일이 될 수도 있음을 안다. 그래서 나와 그 사건을 분리하지 않는다.

지혜가 지극한 사람은 꾀를 내서 억지로 도모하는 일이 없다. 각자가 주인공인 세상에서는 내 일이 남의 일이 될 수도 있고 남의 일이 내 일이 될 수도 있다. 그렇다면 꾀를 써서 자신에게만 유리한 일을 도모할 수 없다는 것을 알기 때문이다.

인仁이 지극한 사람은 특별히 친한 사람이 없다. 특별히 친한 사람에 대한 마음은 곧 우리끼리만 좋으면 된다는 생각으로 발전하기 쉽다. 이런 생각은 함께 살고자 하는 마음을 해친다. 그래서 정말로 인仁한 사람은 각별히 친한 사이를 경계한다.

믿음이 지극한 관계에는 금전이 개입될 소지가 없다. 금전으로 믿음을 표현할 수는 있지만 금전을 담보로 믿음을 제공할 수는 없다. 금전이 없던 시절에도 믿음은 있었다. 금전이 믿음에 어떤 영향을 미치는지를 잘 판단할 수 있는 사람만이 지극한 믿음을 지향할 수 있다.

맹자는 이렇게 말했다. "예가 아닌 예와 의가 아닌 의를 대인은 하지 않는다."[154] 대인과 군자는 일맥상통하는 말이다. 그러므로 이 대목은 '군자는 중용이 없는 예와 의는 하지 않는다'는 의미와 같다. 중용이 없는 예와 의는 결국 실례가 되고 불의가 된다. 나와 너

그리고 우리가 모두 불편하지 않기 위해서 필요한 것이 예다.

　적당한 답답함과 적절한 긴장감은 모두의 편함에 이바지한다. 하지만 예를 가장한, 너무 지나치거나 부족한 긴장과 답답함은 모두를 불편하게 만든다. 하루쯤 나의 삶에 지나친 예절과 과장된 의리가 없었는지 돌아볼 수 있어야 한다. 지나친 것은 부족한 것과 같기 때문이다.

알아주지 않는다고
슬퍼할 것 없다

성형외과에서 일하는 친구에게 들은 이야기가 있다. 상담을 받으러 오는 사람들은 보통 배우나 가수 사진을 들고 와서 특정 부분을 이 사람의 어디와 똑같이 만들어 달라고 요구한다. 그런데 이 고객들의 얼굴을 살펴보면 굳이 고칠 필요가 없을 정도로 멀쩡하고 자연스러운 경우가 많다. 친구는 아무리 비싼 돈을 들여도 원래 모습만큼 잘 어울릴 수 없을 것 같다는 말을 간신히 참는 순간이 많았다며 솔직한 심정을 털어놨다. 그리고 말했다.

"멀쩡한 것을 허물고 새 것을 장만해야 직성이 풀리는 것이 사람인가 보다."

《장자》의 〈천운〉에는 춘추시대 월나라의 미인 서시를 따라 한 '못난 여인'의 이야기가 나온다.

"옛날에 서시가 가슴이 아파서 마을에서 얼굴을 찡그리고 다니자 그 마을의 못난 여자가 서시를 보고 아름답다 생각했다. 못난 여자는 돌아와 자기도 역시 가슴에 손을 얹고는 마을에서 얼굴을 찌푸리고 다녔다. 그러자 그 마을의 부자들은 못난 여자를 보고 문을 굳게 닫아걸고 밖으로 나가지 않았다. 가난한 자들은 그를 보자 처자식을 데리고 다른 고장으로 달아났다. 못난 여자는 아름다운 얼굴로 찡그리는 것만 알았지 얼굴을 찌푸리는 것이 아름다웠던 이유는 알지 못했다."[155]

———————— 《장자》〈천운〉

사람이라면 누구나 인정받고 사랑받고 싶은 욕구가 있다. 하지만 의외로 많은 사람이 그것이 충족되는 이치를 오해하고 있는 듯하다. 스스로 자신을 인정해 주거나 사랑해 주지 않는 사람에게는 타인들도 인정과 사랑을 베풀기 어렵다. 그러다 보니 자신에 대한 인정과 사랑이 결여된 사람은 남을 사랑하고 인정하는 데에도 인색해지는 악순환을 겪는다. 관계란 늘 상호적인 것이기 때문이다.

스스로를 마음껏 사랑하는 일이 쉽지만은 않은 오늘날이다. 한 주를 되돌아보면 나를 사랑할 수 없는 이유가 수두룩하다. 주변을 둘러보면 많은 사람이 나보다 더 사랑받고 인정받기에 충분한 듯하다. 초라한 나를 보며 긍정적인 하루를 맞이하기란 어려운 일이다. 이러한 날에 공자와 장자는 주눅 들 것 없다며 손을 내민다. 그리고 있는 그대로의 자신을 긍정하라며 조언한다.

당대 최고의 성인도 누군가에겐 하찮았다

오늘날 존경받는 성인들도 늘 인정받는 삶을 살았던 것은 아니다. 《논어》의 〈향당〉에는 공자의 두 가지 상반된 모습이 실려 있다.

공자께서 시골 마을에 계실 때에는 두려워 떠는 듯 말을 못하는 사람 같으셨다. 종묘와 조정에 계실 때에는 또박또박 말씀하시되 오직 신중하실 뿐이었다.[156]

─────── 《논어》〈향당〉

원래 말을 잘하던 사람이 고향에 갔다고 말을 더듬게 되다니 이상한 일이다. 이 대목을 이해하려면 공자의 과거를 알아야 한다. 공자는 일흔 살이 넘은 아버지(숙량흘)와 불과 열여섯 살이었던 어머니(안징재) 사이에서 태어났다. 공자가 세 살 되던 해에 숙량흘이 세상을 떠나자 공자와 안징재는 고향에서 애물단지 취급을 받았다.

천대와 멸시 속에서 홀어머니를 모시고 살았던 공자. 너무도 가난했던 나머지 닥치는 대로 일에 매달렸던 공자. 이것이 고향 사람들이 기억하는 공자의 모습이다. 그러다 보니 이웃들은 훗날 장성한 공자를 보고도 그저 동가지구東家之丘라 불렀다. 동가지구란 '동쪽 집에 사는 구'라는 뜻이다(구는 공자의 본명이다). 오늘날 동가지구는 남의 진가를 알아보지 못하는 상황을 비유할 때 쓰인다.

예수도 공자와 비슷한 일을 경험했다. 천주교 사제들에게는 자신이 나고 자란 성당에 부임할 수 없다는 불문율이 있다. 이런 전통은 성서에 기록된 예수의 발자취로부터 생겨났다. 여러 고장을 돌아다니며 가르침을 설파하던 예수가 하루는 자신의 고향을 방문했다. 그 모습을 본 예수의 고향 사람들은 이렇게 수군댔다. "저 사람이 어디서 저런 지혜를 배웠을까? 저 사람은 그저 목수로 요셉과 마리아의 아들이 아닌가?" 그들은 속으로 예수를 깔보며 은근히 못마땅하게 여겼다. 그러자 예수는 이렇게 말했다.

"예언자는 어디에서나 존경받지만 고향과 친척과 집안에서만큼은 존경받지 못한다."[157]

이처럼 아무리 큰 성공을 거뒀더라도 '고향 사람들'에게는 어릴 적의 모습으로만 기억되는 경우가 있다. 만일 그 성공이 물질적인 것이 아니라 눈에 보이지 않는 학술적이고 정신적인 깨달음과 관련된 것이라면 이러한 경향성은 더욱 짙어진다. 그랬던 까닭에 예수는 서둘러 고향을 떠났고 공자는 고향에 있을 때면 말을 아꼈다.

"남이 알아주지 않더라도 화가 나지 않으니 또한 군자답지 아니한가."[158]

———— 《논어》〈학이〉

"남이 나를 알아주지 못함을 걱정하지 말고 내가 남을 알아주지 못함을 걱정해야 한다."[159]

———— 《논어》〈학이〉

인정과 사랑을 구걸하는 것이 군자의 덕목이 아님을 잘 알지만 서운함과 언짢음을 느낄 수밖에 없는 모습, 남들이 나를 인정하고 좋아해 주지 않으면 어쩌나 걱정하면서 나 역시 쉽게 남을 인정하고 좋아하지 못하는 모습은 실제로 우리네 삶에 만연해 있다. 공자가 끝내 자신을 인정하지 않았던 고향 사람들을 통해 얻은 배움은 이러한 모습이 지극히 자연스럽다는 깨달음인지도 모른다.

스스로를 마음껏 사랑하기

"물 위를 여행하는 데는 배를 사용하는 것보다 더 좋은 것이 없고 땅 위를 여행하는 데는 수레를 사용하는 것보다 더 좋은 것이 없습니다. 배로 물 위를 여행할 수 있다고 해서 땅 위에서도 그런 식으로 밀고 가려 한다면 평생을 가도 얼마 나아가지 못할 것입니다."[160]

———————— 《장자》〈천운〉

공자가 인정과 사랑의 속성에 대해 말했다면 장자는 인정과 사랑을 얻기 위한 바람직한 방법에 대해 말하고 있다. 중독자들과 대화를 나누다 보면 이들이 스스로를 인정하거나 사랑할 수 없는 상태에 놓여 있다는 느낌을 받곤 한다. 그 까닭은 무언가에 중독된 스스로가 부끄럽기 때문이다. 그럴 때면 나는 그들에게 말한다.

"술을 끊은 지 7년이 다 되어 가지만 술을 마시지 않더라도 매일 같이 제 삶에서는 크고 작은 부끄러움이 생겨나고 있습니다. 사람으로 태어나 사람으로 살아가며 아무런 부끄러움도 없기를 바라는 것이야말로 어쩌면 하나의 교만이자 착각이 아닐는지요?"

한 치의 부끄러움도 없이 떳떳하게 살아갈 수 있다는 생각은 오만한 착각이며 세상 모든 이들로부터 인정과 사랑을 얻을 수 있다는 생각은 허황된 착각이다. 이는 오직 배 한 척을 가지고 물 위든, 땅 위든, 하늘 위든 나아갈 수 있다는 착각과도 같다. 공항을 찾은 사람 손에 기차표가 들려 있다면, 자동차를 운전하려는 사람 손에 노가 들려 있다면 그는 원하는 것을 얻지 못할뿐더러 비웃음까지 사게 될 것이다.

인정과 사랑도 이와 같다. 공자는 사랑의 주체가 일차적으로는 나 자신일 수밖에 없음을 강조했다. 그러니 먼저 스스로를 실컷 사랑해 주어야 한다. 스스로를 인정하고 사랑하는 사람은 점차로 남도 인정하고 사랑할 수 있게 된다. 내가 준 사랑과 인정이 반드시 나에게 돌아온다는 보장은 없지만 결국 세상의 다른 누구에게라도 돌아는 갈 것이다. 인정과 사랑은 그렇게 서로 주거니 받거니 하는 것이다.

모든 사람이 나를 좋아하고 인정해야 마땅하다는 법은 세상 어디에도 없다. 누구에게나 고향 같은 곳이 있는가 하면 또 종묘와 조정 같은 곳도 있다. 내가 배를 가졌다면 강을 건너지 못해 발을 동동 구르고 있는 사람을 건네주는 것으로 족하다. 그러면 강을 건넌 사람은 고마워하며 나를 좋아할 것이다. 어쩌면 우리에게 정말 필요한 것은 배를 애타게 기다리는 사람을 간절한 마음으로 찾아 나서는 일일지도 모른다.

나에게 주어진 것들에 감사하자. 그러면 지금 이 순간에도 어디선가 내게 주어진 것을 애타게 기다리고 있는 누군가와 곧 마주하게 될지 모른다.

자기 삶을 온전히
받아들일 수 있는가

태아 시절의 나는 어머니의 배 속에 똑바로 앉아 있었다고 한다. 태아는 거꾸로 있는 것이 일반적이다. 늦게 얻은 막내가 잘못되면 어쩌나 싶은 마음에 어머니는 성당으로 달려가 이렇게 빌었다. "하늘이시여, 건강한 아이를 낳게만 해 주시면 하늘에 바치겠습니다." 이는 어디까지나 나와 상의하지 않은 어머니의 독단이었다. 얼마 뒤 나는 어머니의 배 속에서 본래 있어야 할 자리로 돌아갔다.

그래서 그런지 어렸을 때부터 부모님은 이런 말씀을 자주 하셨다. "너는 커서 신부님이 되면 좋겠다." 하지만 나는 별로 신부님이 되고 싶지 않았다.

정작 나는 무엇을 하고 싶은지조차 알지 못했다. 열심히 성당에 다니지도 않았고 중학교에 들어가서는 곧잘 말썽을 피웠다. 그렇게 시간이 흘렀다. 어느 날 우연히 영화 한 편을 보게 되었다. 제목은 〈울지 마 톤즈〉로, 내전 중인 남부 수단에서 활동한 이태석 신부의 일대기를 다룬 영화였다. 남부 수단에 정착한 그는 아이들을 가르치고 환자들을 돌보는 데 자신의 삶을 바쳤다. 지금은 세상을 떠난 이태석 신부는 여전히 많은 사람의 기억 속에서 '남수단의 슈바이처'로 살아 숨 쉬고 있다.

〈울지 마 톤즈〉를 보며 사람의 눈에서 그렇게 많은 양의 눈물이 쏟아질 수 있다는 걸 처음 알았다. 그날 이후로 내게는 꿈이 생겼다. 어머니의 꿈도 아버지의 꿈도 아니었다. 태어나 처음으로 갖게된 나만의 꿈, 그것은 신부가 되는 일이었다.

세상이 나를 버렸다고 느낄 때

나는 7년에 걸쳐 교구 두 곳과 수도회 두 곳에 지원했다. 결과는 모두 불합격이었다. 몸에 문신을 한 사람은 공동체 생활이 어렵다는 것이 이유였다. 유학 시절, 친구의 권유로 별생각 없이 했던 문신이었다. 문신한 일을 처음으로 땅을 치며 후회했다.

한국에서 안 된다면 외국에 나가서라도 신부가 되고야 말겠다는 생각이 들었다. 갖은 노력 끝에 필리핀에 있는 한 수도회에 갈 기회를 얻었다. 부푼 마음을 다스리며 출국을 기다리던 중 뉴스에 이런 속보가 떴다. '필리핀 봉쇄.' 코로나19 사태가 한창 불거지던 때였다. 난생 처음으로 품게 된 나만의 꿈이 계속해서 좌절되자 형언할 수 없는 감정들이 밀려왔다. 하늘이 나를 버렸다는 말이 저절로 이해되는 순간이었다.

나의 소중한 첫 번째 꿈. 결국 나는 그것을 이루지 못했다. 대신 지금의 아내를 만나 결혼을 했고 사랑하는 아들을 낳았다. 하루는 내게 사제가 되는 길을 알려 주셨던 신부님을 만나 당시의 상황을 회상했다. 나는 신부님에게 말했다.

"신부님, 세상 참 묘한 것 같아요. 결혼하고 아이를 낳는 일은 제 인생에 없을 거라고 생각하며 살았는데요. 어쩌다 보니 이렇게 되어 있네요. 근데 저는 있지요, 아직도 수단(천주교 사제의 의복)과 로만 칼라(천주교 사제의 의복에 달린 흰색 깃)만 봐도 마음이 설렙니다. 신부님이 입고 계신 그 옷, 저도 꼭 한번 입어 보고 싶었는데…."

내가 말끝을 흐리자 신부님은 이렇게 말했다.

"이봐, 제갈 형제. 신부 중에 정말 미치도록 신부가 되고 싶었던 사람이 몇이나 되겠어? 그리고 이 옷은 또 얼마나 불편한데. 단추는 또 얼마나 많은지 첫 단추를 잘못 끼우면 다 풀고 처음부터 다시 입어야 돼. 난 자네가 장가들길 잘한 것 같아. 그것도 다 하늘의 뜻 아니겠어? 받아들이는 일, 그걸 배운 셈 치지 뭐. 나는 내 길을 받아들이고 자네는 자네의 길을 받아들이면 그걸로 된 거 아니겠나."

나는 신부님의 말씀에서 두 가지 깨달음을 얻었다. 첫째는 내가 첫 단추를 잘못 끼웠을지도 모른다는 것. 그리고 둘째는 이제 내 모습을 받아들일 때도 되었다는 것이다.

오직 남의 삶을 좇는 어리석음

자로가 군자에 대해서 물으니 공자께서 대답하셨다.

"자기를 닦기를 경敬으로써 하는 것이다."

"그 정도뿐입니까?"

"자기를 닦아서 남을 편안하게 하는 것이다."

"그 정도뿐입니까?"

"자기를 닦아서 모든 사람을 편안하게 하는 것이다. 이는 요순[161]
도 오히려 어려워했다."[162]

─────── 《논어》〈헌문〉

《대학》의 정신을 한마디로 줄이면 수기치인修己治人이라 하여도
과언이 아니다. 조금 더 정확히 말하자면 자기 자신을 먼저 치열하
게 갈고닦아서(수기) 남을 돕는(치인)다는 뜻이다. 《대학》에는 이런
대목이 있다.

"한 집안이 어질면 온 나라에 어짊이 일어난다. 한 집안이 겸손
하고 양보할 줄 알면 온 나라가 겸손하고 양보하게 된다. 한 사람이
탐욕스럽고 도리에서 벗어나면 온 나라에 어지러움이 일어나니, 그
계기도 이와 같은 것이다. 이를 일러 한마디 말이 큰일을 뒤엎고 한
사람이 나라를 안정시킨다고 한다."[163]

이는 '나 하나쯤은 괜찮겠지' 싶은 마음이 얼마나 위험한지, '나
한 사람부터라도'의 마음이 얼마나 소중한지를 여실히 보여 주는

대목이다.

공자가 말한 '경敬'이란 '진실로 삼가고 조심하여 정중함'을 뜻한다. 스스로 삼가고 조심하지 못하는 사람은 남 앞에서도 그러하다. 스스로에게 정중하지 못한 사람은 좀처럼 남에게도 정중하지 못한 것과 같은 이치다.

맹자는 이렇게 말했다.

"자기의 행위에 만족스러운 결과를 얻지 못했다면 모두 자기에게서 그 원인을 찾아보아야 하는 것이니, 자기 자신이 바르게 되면 천하가 그에게 돌아간다."[164]

나는 친구의 말 한마디에 혹해서 문신을 했다. 이는 친구가 나를 유혹한 것이 아니라 내가 삼가고 조심하지 않은 것이다. 그리고 나는 신학교 입학과 수도회 입회에 거듭 실패하면서도 '범위가 너무 넓어 도저히 지울 수 없을 것 같다'는 핑계로 문신을 지우지 않았다. 문신이 너무 많았던 게 아니라 내 간절함이 그만큼 부족했던 것이다. 또 나는 이태석 신부처럼 살고 싶다며 노래를 부르면서도 알코올 중독에서 헤어 나오지 못했다. 하늘이 나를 버리고 망친 것이 아니라 내가 스스로에게 정중하지 못했던 것이다.

스스로 삼가고 조심하지 않는 사람, 또 스스로에게 정중하지 못한 사람이 조금이라도 남을 돕고 세상을 편안하게 할 수 있을까? 아마 나무에서 물고기를 찾듯 뜬금없는 일일 것이다. 이미 나는 첫 단추부터 잘못 끼우고 있었던 셈이다.

스스로 보지는 않고 남의 것만을 보고 스스로 만족하지는 않고 남의 것만을 만족스러워하는 것은 남이 이룬 것만을 이루려 들고 그가 이뤄야 할 것은 스스로 이루지 않는 것이다. 남의 편안함만을 편안하게 여기고 그의 편안함은 스스로 편안하지 않다고 하는 것이다.[165]

─────── 《장자》〈변무〉

이 대목을 읽다 보니 먼저 이 세상을 떠난 이태석 신부님에게 부쩍 죄송스러운 마음이 든다. 누군가의 삶을 기억하며 눈물을 흘리긴 쉽지만 눈물 나게 아름다운 삶을 살기란 어렵기 때문이다. 나는 줄곧 나의 삶은 등한시한 채 이태석 신부님의 삶만을 보았다. 또 스스로의 삶에 만족하지 못하면서 이태석 신부님의 삶만을 만족스러워했다. 스스로 이뤄야 할 것은 버려둔 채 이태석 신부님이 이룬 것만을 이루려 들었다. 나의 삶을 받아들이지 못하고 남의 삶만을 받아들이려 했던 일, 그것이 나의 어리석음이었다.

남의 편안함만을 편하게 여기고 자신의 편안함은 편안하게 여기지 못하는 사람의 삶에 우울과 부정은 필연적이다. 바꿔 말하면 생기가 넘치는 삶은 자신의 편안함을 얼마큼 긍정할 수 있는가에 달려 있는 셈이다. 내 삶의 첫 단추는 잘 끼워져 있는가. 내 삶을 온전히 받아들일 준비가 되어 있는가. 긍정하는 나를 만나는 길은 이 두 가지를 점검할 때 발견할 수 있다.

———————— 日 曜 日 ————————

7장

아　쉬　운

일　요　일

●

"마무리의 미덕"

나는 어떤 정체성을 가진 사람인가

학창 시절에 누나와 이런 대화를 나눈 적이 있다.

"누나, 나는 왜 여자 친구를 못 사귈까?"

"왜. 주변에 마음에 드는 친구가 없어?"

"응. 사실 특별히 마음 가는 친구가 있는 것도 아니야."

"네가 노는 물이 딱 거기까지라 그래."

그때는 누나의 대답이 서운하게 들렸다. 무시 받았다는 생각이 들었기 때문이다. 지금 생각해 보면 누나의 말에도 일리가 있다. 유유상종이란 말은 서로 비슷한 것끼리 모인다는 뜻이다. 요새는 '끼리끼리는 과학이다'라는 표현을 쓰기도 한다. 실제로 이는 근거가 있는 말이다. 끼리끼리 어울리게 되는 것은 자연의 섭리이기 때문이다.

동양의 사물놀이, 서양의 오케스트라

《장자》에는 도를 깨친 고기잡이가 등장한다. 고기잡이는 이렇게 말한다.

"같은 종류의 것들이 서로 어울리고 같은 종류의 소리들이 서로 화음을 이루는 것은 본래 하늘의 원리입니다. 천자와 제후와 대부와 서민의 네 계급들이 스스로 올바른 자리에 있게 되는 것이 정치의 아름다움입니다. 이 네 계급이 제자리를 떠나게 되면 그보다 더 큰 혼란은 없을 것입니다."[166]

———————— 《장자》〈어부〉

동양에는 세 가지 소리가 있다. 첫째는 성聲이다. 성은 소리 중에서 가장 주파수가 넓다. 새소리, 물소리, 바람 소리 등 특별히 귀를 기울이지 않아도 들려오는 소리다. 둘째는 음音이다. 음에는 일정한 법칙이 있다. 길거나 짧고 세거나 여린 소리가 규칙적인 흐름을 가진 게 음이다. 이 음들이 모여서 악樂을 이룬다. 물론 모든 음이 악으로 발전하는 것은 아니다. 악은 곧 화음이기 때문이다. 음들이 잘 어우러진 상태를 협화음, 잘 어우러지지 못한 상태를 불협화음이라고 한다. 악의 관건은 조화에 있는 셈이다.

대표적인 악으로 동양엔 사물놀이가, 서양엔 오케스트라가 있다. 사물놀이는 꽹과리, 징, 장구, 북으로 구성된다. 동양에서 꽹과리는 천둥을, 징은 바람을, 북은 구름을, 장구는 비를 상징한다. 천둥과 바람, 구름과 비는 함께 있어도 각자의 소리를 잃지 않는다. 소리가 다를 뿐 제각기 주인공의 역할에 충실하다.

오케스트라는 질서와 차례가 중요하다. 관악기가 나설 때도 있고 현악기가 나설 때도 있으며 두 악기가 동시에 나설 때도 있다. 지휘자는 전체의 흐름을 관장한다. 지휘자의 조율에 잘 따라야 각 악기들이 호흡을 맞춰 아름답게 화합할 수 있다.

유유상종이란 자연이 질서를 확립해 가는 일종의 자정 작용이다. 질서가 잘 잡힌 평화로운 세상을 '치세'라고 부른다. 반면 질서가 흐트러진 혼돈한 세상을 '난세'라 부른다. 그러므로 지금 내가 사는 세상이 치세인가 난세인가를 가늠해 보고 싶다면 유유상종이 얼마큼 잘 이루어지고 있는지 살펴보는 것도 하나의 방법이다.

조화와 질서는 정체성으로 만들어진다

제나라 경공이 공자에게 정치를 물었다. 공자께서 대답하셨다.
"임금은 임금답고 신하는 신하다우며 아버지는 아버지답고 아들은 아들다운 것입니다."[167]

———————— 《논어》〈안연〉

정명론正名論은 '이름에 따라서 바로잡는 방법'을 말한다. 이름에는 정체성이 담겨 있다. 그러므로 정명론의 핵심은 임금은 임금의 정체성을 갖고, 신하는 신하의 정체성을 가지며, 아버지는 아버지의 정체성을 갖고, 아들은 아들의 정체성을 가짐에 있다.

정치의 본질은 저절로 다스려지게 하는 데 있다.[168] 한 사람 한 사람의 백성이 스스로를 부단히 채찍질하여 자신의 정체성을 찾아가는 과정이 바로 정치다. 위대한 정치가의 역할은 백성들이 이 과정을 잘 수행할 수 있도록 슬기롭게 안내하는 일이다.

임금이 신하의 정체성을, 아버지가 아들의 정체성을 가진 세상은 혼돈의 난세다. 하지만 학생이 학생의 정체성을 갖고 선생이 선생의 정체성을 가진 세상은 평화의 치세다. 결국 각자가 자신의 정체성에 확신을 갖고 함께 어우러질 때 세상은 평화의 길로 나아갈 수 있다.

나는 과연 내 정체성을 알고 있는가. 그리고 내 정체성에 맞게 살아가고 있는가. 장자는 천자와 제후, 대부와 서민의 네 계급이 스스로 올바른 자리에 있는 모습이야말로 가장 아름다운 모습이라고 하였다. 이러한 사유가 동양만의 전유물은 아니다. 고대 그리스의 철학자 플라톤 역시 지배자, 군인, 생산자 계급이 각자의 역할을 잘 수행할 때 평화가 이룩될 수 있음을 강조했다.

언제부턴가 계급이라고 하면 모종의 거부감부터 갖는 사람이 많아진 것 같다. 하지만 예나 지금이나 계급은 늘 있어 왔다. 다만 계급을 분류하는 기준이 바뀌었고 지금도 바뀌어 가고 있을 뿐이다. 하지만 오랜 세월 동안 변하지 않은 기준도 있으니 바로 인격이다.

동양에서는 줄곧 '인간은 평등하지만 인격은 평등할 수 없다'는 입장을 유지해 왔다. 성군과 폭군, 군자와 소인을 판가름하는 기준 역시 인격에 달려 있었다.

인격과 정체성은 같은 의미로 쓸 수 있다. 그러므로 자신의 정체성을 분명히 알고 자신의 역할에 충실한 사람은 인격자이며 그렇지 못한 사람은 비인격자다. 정체성을 찾지 못해 방황하던 사람이라도 정체성을 확립하면 인격자로 나아갈 수 있다. 정체성을 찾는 가장 좋은 방법은 나에게 주어진 삶을 매 순간 최선을 다해 살아가는 것이다.

돌이켜 보면 한동안 내게는 오직 알코올 중독자라는 정체성밖에 없었던 것 같다. 큰맘 먹고 술을 끊은 지도 어느덧 7년이 되어 간다. 삶에 많은 변화가 생겼다. 가장 큰 변화는 어울리는 무리가 달라진 것이다. 다퉜거나 이제 서로 보지 말자고 한 것도 아닌데 자연스레 전혀 다른 끼리끼리가 되었다. 과거에 누나가 한 말처럼 노는 물이 달라진 것이다. 그제야 조금 알게 되었다. 물은 평등하지만 노는 물은 평등할 수 없음을.

중독자였던 시절을 회상해 보자면 현재는 어엿한 내 인생의 주인공으로서 세상과 보다 조화를 잘 이루고 있다고 느낀다. 새로운 정체성도 조금씩 알아가고 있다. 터무니없이 타인의 정체성을 바라지도 않고, 지금의 내 모습에 실망하지도 않고자 노력한다. 그저 스스로 부끄럽지 않기를 바라며 주어진 매 순간에 최선을 다할 뿐이다.

'우주'라는 뜻의 코스모스는 원래 그리스어로 질서kosmos를 의미한다. 고대인들이 우주를 질서로 여긴 까닭은 우주가 조화를 이루는 공간이기 때문이다. 자연도 그렇다. 노자는 "인법지人法地 지법천地法天 천법도天法道 도법자연道法自然"이라고 하였다. 사람은 땅을 본받고 땅은 하늘을 본받고 하늘은 도를 본받고 도는 자연을 본받는다는 뜻이다. 노자에 따르면 결국 사람이 본받을 대상은 어떠한 상황에서도 조화를 이루기 위해 최선을 다하는 자연이다.

정체성을 알아야 최선을 다해 살 수 있는 것이 아니라 최선을 다해 살다 보면 정체성을 깨닫게 된다. 그리고 이를 바탕으로 자신의 역할에 충실할 수 있다. 내면의 혼돈이 걷히며 찾아온 평화를 여전히 혼돈 속에 있는 누군가와 나눌 수 있다면 어떨까. 난세에서 치세로의 전환점은 그 가운데 있을지도 모른다.

어떤 이름을 남길 것인가

초청을 받아 지방의 한 고등학교에서 강연을 한 일이 있다. 그날 강연에서 학생들에게 했던 이야기를 기억나는 대로 옮겨 본다.

"공부는 노력한다고 누구나 잘할 수 있는 게 아닙니다. 하지만 누구나 잘할 수 있는 게 있습니다. 그것은 예의 바르게 행동하고 진중한 태도로 삶에 임하는 것입니다. 남에게 친절을 베풀고 인사를 하는 일은 마음만 먹으면 누구나 할 수 있습니다. 공부를 잘하든 못하든, 스펙이 좋든 나쁘든 상관없이 내가 어떤 사람인지에 대한 평판은 어디를 가도 여러분을 따라다닙니다. '아, 그 사람은 무척 예의 바르고 친절한 사람이래.' 이런 평판이 여러분을 따라다닌다면 훗날 어디에서 누구를 만나더라도 두렵지 않을 것입니다."

강연을 마치자 한 학생이 다가와 이렇게 말했다. "무서운 사람인 줄 알았는데 알고 보니 친절한 형이었네요."

실은 강연 장소로 가는 기차 안에서 잠시 갈등했었다. 과거를 청산한 철학자 행세를 해서 멋있어 보이고 싶다는 욕심을 채울 것인가, 아니면 폼은 좀 덜 나도 여전히 과거를 안고 살아가는 회복자의 모습으로 다가갈 것인가. 그 학생의 말을 듣고 있자니 억지로 멋져보이려 애쓰지 않길 잘했다는 생각이 들었다.

없어도 있다고 말하는 '체면치레'라는 병

체면을 중요하지 않게 생각하는 사람은 없다. 체면이란 '알아차릴 수 있는 겉모습'이라는 뜻이다. 보이는 것이 전부라고 해도 과언이 아닌 세상이 되었다. 사람들은 일단 보이는 것이 괜찮아야 보이지 않는 부분까지 보려고 한다. 오늘날 어떻게 보일 것인가는 현대인들에게 초미의 관심사가 되었다.

《논어》에는 미생고라는 인물의 이야기가 나온다. 미생고는 정직하기로 소문이 자자한 사람이었다. 하루는 어떤 사람이 식초를 얻기 위해 미생고를 찾아왔다. 당시에 식초는 매우 귀한 음식이었다. 아마 미생고를 찾아온 사람은 미생고 정도 되는 사람이라면 틀림없이 식초를 가지고 있을 것이라 생각했을 것이다.

하지만 미생고의 집에는 식초가 없었다. 미생고는 식초를 얻으러 온 사람에게 잠시 기다리라고 한 뒤 황급히 자신의 이웃집에 찾아가 식초를 빌렸다. 그리고 그 식초를 마치 자신의 물건인 양 내주었다. 이 소식을 들은 공자는 미생고에 대한 평판이 잘못되었음을 지적했다.

> 공자께서 말씀하셨다.
> "누가 미생고를 정직하다 했는가? 어떤 사람이 그에게 식초를 얻으러 오자 그는 이웃에서 빌어다 주었다."[169]
>
> ———————— 《논어》〈공야장〉

사람을 정직하게 만드는 마음을 양심이라고 한다. 양심의 반대말은 욕심이다. 욕심에 눈이 먼 사람은 쉽게 양심을 외면한다. 하지만 욕심을 비우는 사람은 양심의 소리에 귀를 기울일 수 있게 된다. 미생고는 체면을 차리고 싶은 욕심 때문에 양심을 저버릴 수밖에 없었다.

이 이야기를 읽으며 나도 미생고처럼 행동한 적은 없는지 반성하게 된다. 공자는 "아는 것을 안다고 하고 모르는 것을 모른다고 하는 것이 아는 것이다"[170]라고 말했다. 체면을 지키기 위해서 없는 것을 있는 것처럼 포장하는 사람은 신뢰를 받기 어려울 것이다. '믿을 신信'은 사람人의 말言이라는 뜻이다. 사람의 말이 행동으로 이어질 때 그는 믿음직스러운 사람이 된다. 하지만 말이 행동으로 이어지지 않는 사람은 남에게 믿음을 줄 수 없다.

주말에는 사람들을 만나는 경우가 많다. 새로운 인연을 만나기도 하고 한동안 못 본 사람들과 오랜만에 재회하기도 한다. 이런 상황에서 체면치레를 하고 싶다는 욕심은 많은 사람들의 마음에 공통적으로 도사리고 있는 마음이다. 미생고처럼 없는 것을 마치 있는 듯 포장하고 싶은 유혹이 밀려오기도 하고, 잘 모르는 것을 안다고 말하고 싶은 순간이 찾아오기도 한다.

남을 실망시키지 않는 것보다 중요한 것은 스스로를 실망시키지 않는 것이다. 남을 실망시킨 일은 생각 외로 빨리 잊힌다. 하지만 자신에게 실망한 사람은 오래도록 이어지는 부끄러움에 사로잡힐 수밖에 없다. 부끄러움은 치료가 어렵다. 부끄러운 감정은 정직하지 못한 사람들이 걸리기 쉬운 난치병이다.

나는 닮고 싶은 사람인가 부끄러운 사람인가

사람들이 체면에 집착하는 이유는 평판 때문이다. 내가 누구인지보다 어떤 평가를 받는 사람인지가 더 관건인 세상이 되었다. 공자의 제자였던 증자는 이렇게 말했다.

"열 눈이 나를 바라보면 열 손가락이 나를 가리키니 빈틈없이 엄중하다."[171]

나를 알아보는 눈이 많아질수록 나를 가리키는 손가락도 늘어난다. 잘 알려진 사람일수록 체면과 평판에 신경을 곤두세우는 것은 어찌 보면 당연한 일이다. 평가로부터 자유로울 수 없는 세상을 살면서 무작정 체면을 도외시할 순 없다. 기왕이면 좋은 평판을 얻는 것이 구설수에 휩싸이는 것보다 낫지 않은가. 결국 이 세상을 잘 살아가려면 좋은 평판이 생기는 과정을 아는 것이 관건이다.

《장자》에는 평판이 그 사람의 지위와 상관없음을 보여 주는 이야기가 나온다.

자장이 말했다.

"옛날에 걸왕과 주왕은 천자라는 귀중한 자리에 있으면서 온 천하의 부를 차지하고 있었다. 그러나 지금 노예들에게라도 '너의 행동이 걸왕이나 주왕 같다'고 하면 곧 부끄러운 기색을 띠면서 마음으로 승복하지 않으려 드는데, 걸왕과 주왕은 비록 천자였지만 노예처럼 천한 사람들까지도 천하게 여기는 대상이 되었다.

공자와 묵자는 보통 남자로 궁색하게 지냈다. 그러나 지금 재상 자리에 있는 사람에게라도 '당신 행동이 공자나 묵자 같다'고 하면 곧 얼굴에 화색이 돌고 그런 정도까지 이르기엔 부족하다며 손사래를 치게 되는데 공자와 묵자는 선비들이 진실로 존귀하게 여기는 대상이기 때문이다.

그러므로 천자의 권세를 지녔다 하더라도 반드시 존귀하지 않을 수 있고 보통 남자로 궁하게 지낸다 하더라도 반드시 천한 것은 아니다. 귀천의 구분은 행동의 아름답고 악함에 의하여 결정되는 것이다."[172]

———————— 《장자》〈도척〉

자장은 하나라의 마지막 왕이었던 걸왕과 은나라의 마지막 왕이었던 주왕에 대해서 이야기한다. 하나라의 걸왕과 은나라의 주왕은 모두 잘 알려진 폭군으로, 이 둘을 합쳐 하걸은주夏桀殷紂라 부르기도 한다. 걸왕은 장야궁長夜宮을 짓고 유흥에 빠져 정사를 돌보지 않았으며 금은보화와 미녀에만 심취했다. 주왕은 술로 연못을 만들고 고기를 매달아 숲을 이룬 뒤 벌거벗은 남녀로 하여금 그 사이에서 쫓아다니게 했다는 주지육림酒池肉林의 장본인이다. 두 왕에 대한 백성들의 원성은 자자했다.

한때 천하를 호령했던 임금이었지만 훗날 그들과 닮았다는 말을 들었을 때 기꺼워하는 사람은 아무도 없었다. 반면 공자와 묵자는 생전에 평범하고 가난한 남자에 불과했지만 그들과 닮았다는 말을 들으면 한 나라의 재상마저도 겸손해졌다.

걸왕과 주왕은 욕심에 눈이 멀어 백성들의 신뢰를 잃었다. 공자와 묵자는 양심을 지키며 살았기에 지금까지도 존경의 대상으로 남아 있다. 높은 지위와 유명세를 타기만 하면 좋은 평판은 자연히 따라올 것이라는 생각은 보이는 것에 민감해진 현대인들이 빠지기 쉬운 착각이다.

하지만 평판은 눈에 보이지 않는 양심과 욕심에 달려 있다. 양심을 지키는 사람에게는 좋은 평판이, 욕심을 부리는 사람에게는 나쁜 평판이 따라붙는다.

'표범은 죽어서 가죽을 남기고 사람은 죽어서 이름을 남긴다'[173]는 말이 있다. 이름을 남긴다는 것은 평판을 남긴다는 것과 같은 뜻이다. 과연 나의 평판은 양심과 욕심 중 어떤 색으로 물들어 가고 있는가. 하루쯤 곰곰이 살펴볼 일이다.

진정으로 강한 사람

한동안 유행처럼 번진 말이 있다. '포스 있다'는 표현이다. 보통 이런 말은 힘이 있어 보인다는 의미로 받아들여져 듣는 사람은 흡족해하기 마련이다. 포스^{force}란 말 그대로 힘을 의미한다. 정확히 말하면 겉으로 드러난 힘, 즉 외력이나 물리력을 뜻한다. 같은 힘이라도 내면의 힘을 지칭할 땐 에너지^{energy}라는 표현을 쓰는 것이 더 합당하다. 동양인들은 예로부터 외력과 내력을 구분해 왔다. 이 둘의 구분은 노자의 진술을 통해 가장 명백하게 드러나는 듯하다.

"남을 이기는 사람은 힘이 센 것에 불과하지만 자신을 이기는 사람은 진정한 강자다."[174]

유력有力한 사람과 강强한 사람은 다르다. 유력한 사람은 포스 있는 사람임에 틀림없다. 하지만 유력함이 강함을 보증하지는 않는다. 진짜 강한 사람은 활기가 넘치는 사람이다. 활기란 '살리는 기운'으로, 활기가 넘치는 사람은 나를 살리고 남을 살리며 세상을 살리는 데 이바지한다.

내공이 깊은 사람과 기교만 있는 사람의 차이

성인成人이란, 말 그대로 '사람이 되었다'는 뜻이다. 그렇지만 단순히 주민등록증이 나왔고 대학이나 직장에 들어갔다고 하여 무조건 성인이 되는 것은 아니다. 사람답게 살아갈 수 있는 사람만이 진정으로 성인의 대우를 받을 수 있다.

자하가 말했다.
"군자는 세 가지 변하는 것이 있으니 멀리서 우러러보면 근엄하고, 그에게 다가가면 따뜻하고, 그 말을 들어보면 엄격하다."[175]

──────── 《논어》〈자장〉

이는 자하가 스승인 공자를 묘사한 대목으로 '군자는 세 번을 변한다'는 군자삼변君子三變으로도 잘 알려져 있다. 이를 통해 자하가 발견한 공자의 세 가지 특징적인 면모를 엿볼 수 있다.

첫째는 근엄함이다. 공자는 어떠한 상황에서도 겉으로 드러난 모습이 흐트러지지 않도록 노력했기에 멀리서 보면 근엄해 보였음을 알 수 있다.

둘째는 따뜻함이다. 공자는 흐트러지지 않는 외양을 유지하면서도 가까이서 보면 권위를 내세우지 않았으며 오히려 남을 도우려는 활기를 가졌기에 따뜻했다.

마지막은 엄격함이다. 공자의 말은 스스로를 속이지 않고 또 남을 속이려 하지도 않았기에 엄격했다.

사람이 사람다워지는 길에는 여러 가지가 있다. 자하가 묘사하는 공자의 모습 역시 이 가운데 하나다. 유력함에서 뻗쳐오르는 포스가 있지만 내면의 에너지, 즉 활기가 없는 사람은 멀리서 보면 근엄해 보일 순 있으나 가까이 다가가면 차갑다. 그리고 그의 말에는 자신의 포스에 흠집이 가지 않게 하려는 기교가 섞여 있는 경우가 많다.

내면의 에너지가 넘치는 사람을 일러 '내공이 깊다'고 한다. 이런 사람은 겉모습 그 자체보다는 드러나는 자세와 태도에 힘쓴다. 멀리서 내공이 깊은 사람을 마주했을 때 근엄함을 느끼는 까닭은 그들의 카리스마 때문이다. 카리스마란 멋진 옷이나 장신구를 통해서만 얻을 수 있는 것이 아니다. 타인과 세상을 대하는 자세와 태도야말로 한 사람의 카리스마를 결정짓는 포인트가 될 수 있다.

만일 내공이 부실한 상태로 유력함만 가지게 된다면 어떨까. 사람을 유력하게 만드는 대표적인 것들로는 지위, 재물, 명예, 학식 등이 있다. 이것들을 충분히 갖추고도 나와 세상을 살리는 데 쓰지 않고 도리어 남과 나를 해치는 데 사용한다면 그런 유력함은 차라리 없느니만 못하게 된다. 내공이 깊은 사람에게서 따뜻함을 느끼는 이유는 그의 내면에 무언가를 해치기보다는 살려 주고자 하는 마음이 우세하기 때문이다. 내공이 깊은 사람들은 대체로 다른 사람의 기氣를 살려 주는 경우가 많다.

> "인한 사람은 자신이 서고자 할 때 남을 세우며 자신이 드러나고자 할 때 남을 드러나게 한다."[176]

——————《논어》〈옹야〉

자신이 서고자 남을 내리누르고 자신을 드러내고자 남을 감추는 유력함을 일러 폭력이라고 한다. 하지만 내공이 깊은 사람은 자신이 서고자 할 때 먼저 남의 기를 세워 주고 자신이 드러나고자 할 때도 먼저 남의 기를 드러내 준다. 이것이 내공이 깊은 이들이 가진 활기의 따스함이다.

끝으로 내공이 깊은 사람의 말에는 군더더기가 없다. 스스로를 믿고 남을 믿으며 세상을 믿기에 미사여구로 자신을 포장하거나 남을 속일 필요가 없기 때문이다. 진실하지 못한 사람에게는 때때로 진실이 사납거나 위태롭게 느껴지기도 한다. 하지만 내공이 깊은 사람은 진실한 사람들과 함께 가식으로부터 스스로를 지켜 내고자 노력한다. 가식은 쳐내고 진심은 지켜 내야 하기에 이들의 말은 엄격할 수밖에 없다.

덕을 쌓은 닭과 덕을 버린 임금

기성자가 임금을 위하여 싸움닭을 기르고 있었다. 열흘 만에 기성자에게 "닭을 싸움시킬 수 있겠는가?" 하고 물으니 기성자가 대답했다.

"안 됩니다. 아직 헛되이 교만하여 기운을 믿고 있습니다."

열흘이 더 지나 다시 물으니 기성자가 대답했다.

"아직입니다. 여전히 상대방의 울림이나 그림자에 반응을 보입니다."

열흘이 더 지나 다시 물으니 기성자가 대답했다.

"아직입니다. 아직도 상대를 노려보며 기운이 성합니다."

열흘이 더 지나 다시 물으니 기성자가 대답했다.

"이제 거의 다 되었습니다. 비록 상대 닭이 울더라도 태도에 아무런 변화가 없게 되었습니다. 그를 바라보고 있자면 마치 나무를 깎아 만든 닭 같습니다. 그의 덕은 완전해졌습니다. 다른 닭들은 감히 덤벼들지도 못하고 보기만 해도 되돌아 달아날 것입니다."[177]

———————— 《장자》〈달생〉

이는 '나무를 깎아 만든 닭의 덕'이라는 뜻의 고사성어 목계지덕 木鷄之德의 유래가 되는 대목이다. 이를 통해 장자는 한 마리 싸움닭이 유력함에서 활기찬 에너지로, 포스에서 깊은 내공으로 나아가는 과정을 그려 내고 있다. 이처럼 덕이란 단순한 포스, 허세나 교만,

세찬 반응, 굽힐 줄 모르는 자존심이 아닌 '어떠한 내면의 힘'을 의미한다.

덕을 쌓은 닭이 있는 반면 덕이 없어 죽임을 당한 왕도 있다. 《맹자》〈양혜왕 하〉 편에는 제선왕이 맹자에게 "신하가 자기의 임금을 시해해도 됩니까?"라고 묻는 대목이 나온다.[178] 그러자 맹자는 이렇게 대답했다.

"인仁을 해치는 사람을 적賊이라 하고 의義를 해치는 사람을 잔殘이라 하며 잔적殘賊한 사람을 일부一夫라 합니다. 일부인 주(무도한 군주에게 주어지는 시호)를 죽였다는 말은 들은 적 있어도 임금을 시해했다는 말은 들은 적 없습니다."

'잔적'이란 사람을 잔인하게 해친다는 뜻이다. 맹자는 임금이라도 잔적하다면 얼마든지 갈아 치울 수 있음을 시사했다. 임금도 그러한 마당에 우리도 예외가 될 수는 없다. 자기 자신과 다른 사람을 잔인하게 해치는 사람은 어른의 자격이 없다. 포스보다는 활기찬 에너지를 가진 사람이 진정 강한 사람이다. 그리고 강한 사람만이 진짜 어른, 참된 성인으로 거듭날 수 있다.

앞서 성인成人이라는 호칭은 '사람다운 사람'에게만 부합할 수 있음을 자세히 밝혔다. 동양에서 성인의 다른 말은 대인大人으로, 대인과 군자는 같은 개념이다. 대인의 반대말은 소인이며 소인과 같은 개념으로는 일부一夫가 있다. 무엇이 진정 사람다운 것인지를 치열하게 고민하고 그에 대하여 자신이 깨달은 것들을 실천에 옮기고자 노력하는 사람만이 장차 군자의 삶으로 나아갈 수 있다.

지난날을 돌이켜 보면 나 역시 포스 있는 사람이 되고자 애쓰며 살았다. 중학생 때는 권투를 배워 싸움을 하러 돌아다니기 바빴고 그러다 성인이 되어서는 알코올 중독자로 살았다. 술로는 누구에게도 지지 않겠다는 일념을 고수했다. 하지만 그럴수록 삶에서는 활기가 사라져 갔다. 결국 알코올 중독자로 살았던 10년 동안 나를 해치고 남을 해치고 또 세상을 해쳤을 뿐이다.

사람답게 살고 싶은 사람이라면 누구나 근엄함을 잃지 않으면서도 따스함을 전달하고 싶어 한다. 또 명확한 말로 자신의 의사를 전달하고 싶어 한다. 군자삼변과 목계지덕을 통해 우리는 남과 나 자신, 그리고 세상을 대하는 태도와 자세를 진중하게 살펴보아야 한다. 이로써 활기를 되찾아 진심어린 삶을 살아가는 사람은 모두 사람답게 살기 위한 노력을 멈추지 않을 수 있다. 그 노력의 끝에는 세상에 좋은 에너지를 전하는 진정한 성인으로서의 내가 있을 것이다.

나의 길에는 확신을,
남의 길에는 존중을

"도道를 아십니까?" 살면서 한 번쯤은 들어 봤을 말이다. 이 물음을 던지는 사람에게도 전하고 싶은 메시지가 분명히 있을 테지만 이 말은 동양철학의 관점에서 보면 성립이 되지 않는다.《도덕경》에는 이런 대목이 실려 있다.

"도가 말해질 수 있다면 진정한 도가 아니다."[179]

여기서 진정한 도를 의미하는 상도常道란 '늘 그러한 원래의 도'를 뜻한다. 동양에서 변하지 않는 늘 그러한 하나의 진리가 있다면 무엇일까. 그것은 바로 '모든 것은 끊임없이 변화한다'는 사실이다. 불교에서는 이를 제행무상諸行無常이라고 하였다. '우주 만물은 항상 돌고 변하여 잠시도 한 모양으로 머무르지 않는다'는 뜻이다. 그러므로 도란 그것을 아느냐고 물어볼 수 있는 것이 아니다. 또 가르치거나 알려 줄 수 있는 무언가도 아니다.

세상이라는 여관에 잠시 머무는 나그네

우리는 곧잘 보거나 듣기에 좋은 것들, 그래서 좋은 느낌을 유발하는 것들을 도라고 착각한다. 《장자》의 〈지북유〉에는 도에 대한 동곽자기와 장자의 대화가 실려 있다. 동곽자기가 장자에게 도가 어디에 있는지 묻자 장자는 땅강아지와 개미, 잡초, 기와나 벽돌, 심지어 오줌과 똥에도 도가 있다고 말한다. 그 말을 들은 동곽자기가 아무 말도 하지 못하고 가만히 있자 장자는 이렇게 말했다.

"도를 꼭 어디에 있는 것으로서 한정시키려 하지 말아야 한다. 만물은 무엇이나 도로부터 벗어나는 것이 없기 때문이다."[180]

─────── 《장자》 〈지북유〉

쉬지 않고 흐르는 물처럼 끊임없이 변화하는 세상 만물에 도는 자연스레 깃들어 있다. 오직 나의 길만이 도라고 여긴다면 다른 사람의 길을 존중할 수 없다. 반대로 남의 길만이 도라고 여긴다면 나의 길을 개척할 수 없다. 도란 변화하는 모든 것들로부터 찾아볼 수 있는 일종의 가능성이다. 물론 좋은 방향으로 변화할 가능성도 있고 나쁜 방향으로 변화할 가능성도 있다. 하지만 가능성 자체만 가지고 맞고 틀림, 좋고 나쁨을 이야기하기는 어렵다. 그래서 장자는 땅강아지나 개미, 기와나 벽돌, 심지어 오줌과 똥에 이르기까지 장차 변화할 수 있는 가능성을 지닌 모든 것들에 도가 깃들어 있다고 하였다.

사람도 마찬가지다. 1년 전의 나와 지금의 내가 완전히 같다고 자신 있게 이야기할 수 있는 사람은 많지 않을 것이다. 좋은 쪽으로든 나쁜 쪽으로든, 더 나은 쪽으로든 더 못한 쪽으로든 사람은 계속해서 변화해 나간다. 그러므로 변화의 가능성을 부정하는 사람은 평생 낙인을 들고 사는 것과 다름없다. 그 낙인으로 한번 착하다고 생각되는 사람에게는 영원히 선한 사람이라는 낙인을, 한번 나쁘다고 생각되는 사람에게는 영원히 악한 사람이라는 낙인을 찍는다. 하지만 사람의 마음에는 언제나 선악이 공존한다. 상황과 조건에 따라 좋은 면이 부각될 때도 있지만 나쁜 면이 우세할 때도 있는 것이 현실이다. 결국 상처를 받게 되는 사람은 낙인찍기를 즐기는 사람이다.

"세상은 여관과 같고 인생은 그곳에 잠시 머무는 나그네와 같다."

장자 철학을 대변하는 표현 가운데 하나인 역려과객逆旅過客의 뜻이다. 누군가가 나를 졸졸 따라다니며 내가 접어드는 길마다 그 길은 잘못되었다고 비난한다면 어떨까. 몹시 언짢을 것이다. 삶에서 이런 경험이 많은 사람은 매사에 허무함을 느끼기 쉽다. 혹시 내가 다른 사람의 길을 단지 내 길과 다르다는 이유만으로 시시콜콜 비난하고 있지는 않은지 돌아볼 수 있어야 한다. 나의 길에 확신을 갖되 남의 길도 존중하는 태도가 진정한 도의 길이라고 할 수 있다.

도적질에도 도는 있다

공자께서 말씀하셨다.
"누구인들 나갈 적에 문을 지나지 않을 수 있겠는가? 어찌 이 도로 말미암지 않는가?"[181]

————— 《논어》〈옹야〉

앞서 도란 끊임없이 변화해 나갈 수 있는 가능성이라고 하였다. 문을 거치지 않고 밖으로 나갈 수는 없듯이 변화를 거부하며 새로운 길을 모색할 수는 없다. 가능성은 변화하고자 하는 의지로부터 생기며 좋은 가능성은 좋은 방향으로 변화하고자 하는 의지로부터 생겨난다.

《장자》에는 도척이라는 인물이 등장한다. 도척은 춘추시대의 대도大盜로 당대의 현인이었던 류하계[182]의 동생으로 알려져 있다. 《장자》의 〈거협〉에는 도척과 그 부하의 대화가 실려 있다.

도척의 부하가 도척에게 물었다.
"도적질에도 도가 있습니까?"

도척이 대답했다.

"어디에 간들 도가 없을 수 있겠느냐? 남의 집에 감추어진 것을 뜻대로 알아맞히는 것은 슬기로움聖이다. 남보다 먼저 들어가는 것은 용기勇다. 남보다 뒤에 나오는 것은 의로움義이다. 도적질을 해도 되는가 안 되는가를 아는 것은 지혜知다. 고르게 나눠 갖는 것은 어짊仁이다. 이 다섯 가지를 갖추지 못하고서 큰 도적이 될 수 있는 사람은 세상에 없다."[183]

——————— 《장자》〈거협〉

도척이 말하는 성용의지인聖勇義知仁은 공자의 명맥을 이어 유가에서 강조하는 인의예지신과 묘한 대비를 이룬다. 철학을 하다 보면 의도치 않게 상처를 받는 경우가 생긴다. "요즘 같은 세상에 그런 뜬구름 잡는 소리로 무슨 일을 할 수 있겠나?"와 같은 말을 듣게 될 때다. 그럴 때 도척의 일화는 가뭄에 단비처럼 작은 위안이 된다.

대다수 사람에게 공감받지 못하는 길이 내게는 지극한 도일 수도 있다. 반대로 내게는 올곧다고 여겨지는 길이 다른 누군가에게는 형편없는 길로 비춰질 수도 있다. 예컨대 기술이나 통계 등 과학적 지식을 중시하는 사람에게 종교나 신앙에서 말하는 영적 체험은 도라고 부를 수 없는 것일지도 모른다. 마찬가지로 마음의 평화와 학술적 소양을 중시하는 사람에게 물질이나 명예에 대한 집착은 도로 인정할 수 없는 것일 수도 있다.

장자는 똥오줌에도 도가 있다 하였고 도척은 도적질에도 도가 있다 하였다. 내가 가는 길과는 다른 길에도 도가 있을 수 있다. 설령 그 길이 어처구니없어 보여도 나에게 그 길을 비난할 자격이 있는지는 미지수다.

중요한 것은 내가 아름답다고 여기는 길을 묵묵하고 꾸준히 걸어가는 일이다. 남의 길이 잘못되었다며 투덜댈 이유도 없고 나의 길로 오라며 손짓할 필요도 없다. 내가 걸어가는 길에서 꽃이 피고 향기가 나기 시작한다면 도적질로 남에게 폐를 끼치던 사람도 저절로 나의 길에 관심을 갖기 시작할 것이다.

서로가 서로에게 손가락질하는 세태가 유행처럼 번지고 있다. 그 가운데에 내가 옳고 네가 틀리다는 생각이 자리하고 있다. 마치 뜨거운 낙인을 쥔 사람이 자신의 손이 까맣게 타들어 가는 줄 모르고, 손가락질하는 사람이 접힌 세 손가락으로 자신을 가리키고 있음을 잊어버린 듯하다. 폈던 손가락을 오므리고 당당하게 나의 길을 걸어갈 때, 아쉬운 일요일은 낙관적인 하루로 변화할 수 있다.

주어진 의무를 다하며
끝까지 살아가는 것

인터넷 게임이나 쇼핑 중독자들이 입을 모아 하는 말이 있다.

"현실에서는 내 뜻대로 되는 일이 아무것도 없어요. 적어도 인터넷 세상에서는 내 뜻대로 한번 해 볼 수 있잖아요."

"인터넷으로는 내 형편에서 감당하기 어려울 만큼 비싼 물건을 다양하게 사 볼 수도 있어요. 사고 반품을 하면 되니까요."

이 말을 들으니 끼니를 거르고 잠도 줄여 가며 게임과 쇼핑에 몰두하는 사람들의 마음이 어느 정도 이해되기 시작했다. 게임과 인생은 닮아 있다. 하지만 분명한 차이점이 있다. 게임은 리셋이 되지만 인생은 리셋이 불가능하다는 것이다.

게임에서는 총에 맞거나 칼에 찔려도 몇 초만 기다리면 부활한다. 이런 일은 게임에서는 능사로 생각되지만 현실에서는 터무니없다. 캐릭터를 잘못 육성했다면 새로운 캐릭터를 만들면 그만이다. 하던 게임이 질리면 다른 게임으로 갈아탈 수도 있다. 하지만 인생은 다르다. 실패한 느낌이 든다고 해서 과거를 싹 밀어 버릴 수는 없다. 다시 태어나지 않는 이상 완전히 새롭게 살아가기란 불가능하다. 요즘 같은 세상엔 누구도 나를 알지 못하는 곳으로 도망치는 것 역시 어렵다. 게임과는 비교도 할 수 없을 정도로 예측 불가한 것이 인생이다.

가상현실에 지나치게 빠지다 보면 여러 가지 문제가 생긴다. 가장 큰 문제는 빠져 있는 그곳과 현실 간의 괴리가 점점 깊어진다는 것이다. 마음대로 할 수 있는 일이 많다면 그곳은 인터넷 세상이지 현실이 아니다. 심하다 싶을 정도로 인터넷에 중독된 사람은 이러한 사실을 받아들이지 못하고 인터넷 세상에 더욱 집착한다. 거기엔 마음대로 되는 일이 하나라도 있기 때문이다. 이렇게 중독의 악순환은 계속된다.

"진인사대천명"
할 일을 다하고 하늘의 명을 기다릴 뿐

하늘은 스스로 돕는 자를 돕는다고 하였다. 결코 틀린 말은 아니지만 스스로 돕는 자라고 하늘이 무조건 도와야 한다는 법은 어디에도 없다. 돕고 말고는 어디까지나 하늘이 결정할 일이기 때문이다. 언젠가 들었던 한 신부님의 말씀이 떠오른다.

"하늘이 내가 원하는 대로 해 주기를 바라는 사람은 하늘을 나의 하수인으로 생각하는 사람입니다. 기대에 어긋난 결과에도 실망하지 않고 설령 실망했다가도 다시 힘을 낼 수 있는 사람만이 하늘과 친구가 될 수 있습니다."

지나치게 기대하지 않고 미리 실망하지도 않는 일. 동양에서는 이를 진인사대천명盡人事待天命이라 하였다. 사람의 일을 다하고 하늘의 명을 기다린다는 뜻이다. 그렇다면 기다려야 할 명命이란 무엇일까. 공자는 이렇게 말했다.

"명命을 알지 못하면 군자가 될 수 없다."[184]

———————— 《논어》〈요왈〉

명에는 몇 가지 특징이 있다.

첫째, 명은 사람의 힘으로 어찌해 볼 수 없다.

둘째, 명에는 때를 기다린다는 의미가 담겨 있다. 그러므로 명을 아는 사람은 때를 아는 사람이다. 명을 모르는 사람은 때를 모르는 사람이다. '철없다'라는 표현은 여름에 두터운 점퍼를 입거나 겨울에 민소매를 입는 것처럼 철을 모르는 사람을 지칭할 때 쓴다. 그러므로 철든 사람이란 시의적절하게 행동할 수 있는 사람이다.

셋째, 명은 '하게 한다'는 뜻을 내포한다. 살다 보면 하기 싫은 일도 해야만 할 때가 있다. 좋든 싫든 할 수밖에 없고 해야만 하는 일이 명인 셈이다.

넷째, 명은 분수를 뜻한다. 자신이 있어야 할 곳을 아는 사람이 분수를 아는 사람이다.

종합하면 명이란 '세상엔 사람의 힘만으로 어찌해 볼 수 없는 일도 있음을 알고, 분수껏 주어진 일에 최선을 다하며 때를 기다리는 것'이다. 이를 편안하게 여길 수 있는 마음가짐을 장자 철학에서는 안명安命이라고 한다. 일요일이 아쉽게 느껴지는 까닭은 이러한 안명이 잘 이루어지지 않기 때문일 수도 있다.

용감한 사람은 두려워하지 않는다

공자가 위나라를 떠나 진나라로 이동할 때의 일이다. 공자는 제자들과 함께 광匡이라는 곳을 지나게 되었다. 안각이라는 제자가 말을 몰며 말채찍으로 성벽을 가리켰다.

"제가 전에 이곳에 왔을 때 저리로 들어왔습니다."

광 땅의 사람들이 이 말을 듣고 공자의 무리를 양호의 무리로 착각했다. 양호는 일찍이 광 땅을 침략한 적이 있었다. 그런데 공교롭게도 공자의 용모는 양호와 많이 닮아 있었다. 광 사람들은 닷새 동안 공자와 그 제자들을 포위했다.[185]

뒤늦게 잡혀 온 안회를 보고 공자가 "나는 네가 죽은 줄 알았다"라고 반색하자 안회가 "선생님이 계신데 제가 어떻게 감히 죽겠습니까"[186]라고 대답한 일화는 유명하다. 사실상 체포되어 구류를 당하고 있는 상황이지만 공자는 이렇게 말했다.

공자께서 광 땅에서 두려운 일을 당했을 때 말씀하셨다.
"문왕이 이미 돌아가셨으니 진리가 이곳에 있지 아니한가! 하늘이 앞으로 이 진리를 없애려 하신다면 뒤에 죽는 사람이 이 진리를 펴는 일에 참여할 수 없을 것이다. 하늘이 아직 이 진리를 없애려 하지 않으신다면 광 땅의 사람들이 나를 어찌 하겠는가?"[187]

──────── 《논어》〈자한〉

문왕[188]과 주공[189]은 공자가 평생에 걸쳐 자신의 롤모델로 삼았던 인물이다. 공자는 문왕과 주공이 세상을 떠난 이래로 백성들이 편안한 삶을 누리기 위해 필요한 진리가 자신에게 있다고 여겼다. 공자는 스스로를 문왕과 주공의 후계자로 여긴 듯하다. 실제로《논어》곳곳에도 문왕과 주공의 정신을 이어 가려는 공자의 모습이 드러나 있다. 정말 중요한 것은 공자의 마지막 말이다. 체념처럼 들리기도, 근거 없는 자신감처럼 들리기도 하는 이 한마디가 목숨이 위태로운 상황에서도 안명하고자 노력하는 공자의 태도를 여실하게 대변하고 있다.

"용감한 사람은 두려워하지 않는다."[190]

──────── 《논어》〈자한〉

공자가 말한 용감한 사람이란 불에 뛰어들면서도 두려움을 느끼지 못하는 사람이 아니다. 누구나 벌벌 떠는 상황에서도 마음의 평화를 유지할 수 있는 사람이 진정 용감한 사람이다. '하늘이 자신을 버리지 않고자 한다면 광 땅의 사람들이 자신을 해칠 수 없을 것이다. 그러나 하늘이 자신을 버렸다면 광 땅의 사람뿐만 아니라 누구라도 자신을 해칠 것이다.' 아마 공자는 이렇게 생각했던 듯하다.

"쉰 살에 하늘의 명을 알게 되었다."[19]

——————— 《논어》〈위정〉

광 땅에서 체포되었을 때 공자의 나이는 56세였다. 공자는 이 문장을 통해 사람이 살고 죽는 일이 사람의 힘만으로 어찌할 수 없는 하늘의 영역임을 암시했다. 이것이 지천명知天命, 즉 공자가 깨달은 하늘의 명이었다. 그랬기에 공자는 사지에 몰린 상황에서도 추한 모습을 보이지 않고 담담할 수 있었다. 하늘이 자신을 버리지 않을 것이란 믿음도 있었지만 설령 자신을 버리더라도 편안하게 받아들이겠다는 안명의 태도 역시 견지하고 있었기 때문이다. 이런 공자의 모습은 제자들에게도 큰 위로가 되었다. 결국 공자의 일행은 광 땅에서 풀려날 수 있었다. 가까스로 풀려난 공자는 기뻐하지도 불평하지도 않았다. 그저 묵묵히 가던 걸음을 재촉했을 따름이다.

잘 사는 것과 잘 죽는 것

곰곰이 따져 보면 사람의 노력만으로 이룰 수 있는 결과는 극히 제한적인 경우가 많다. 장자는 그 예시로 삶과 죽음을 들었다.

죽고 사는 것은 명이다. 밤과 낮이 항상 있는 것은 하늘의 뜻이다. 사람이 관여할 수 없는 일이 있는 것은 모두 만물의 실정이다. 우물이 마르면 물고기들은 함께 땅 위에 모여 서로 물기를 뿜어 주고 서로 물거품으로 적셔 준다. 하지만 강물이나 호수 속에서 서로를 잊고 있는 것만 못하다. 대자연은 우리에게 형체를 지니게 하여 삶을 주어 우리를 수고롭게 하고 늙게 하여 우리를 편안하게 하고 죽게 하여 우리를 쉬게 한다. 그러므로 자기의 삶을 잘 사는 것은 자기의 죽음을 잘 맞이하는 것이다.[192]

──────── 《장자》〈대종사〉

건강을 위해 매일같이 운동을 게을리하지 않았건만 갑자기 불의의 사고로 세상을 뜨는 사람이 있다. 살면서 보약 하나 지어 먹은 적 없었건만 장수를 누리는 사람도 있다. 삶과 죽음에 대해서는 도무지 설명할 재간이 없다. 그것이 바로 사람이 죽고 사는 문제다. 세상엔 자신이 살게 될 순간을 알고 태어난 사람도 없고 자신이 죽는 순간을 알고 사는 사람도 없다.

우리에게 형체를 지니게 한 주체, 삶을 선사하고 죽음으로 쉬게 하는 그 주체를 장자는 '대괴大塊'라고 하였다. 이것은 '하늘과 땅 사이의 대자연'이라는 뜻이다. 만물에 형체를 부여하는 일. 형체를 갖고 사느라 수고롭게 하고 때가 되면 형체를 거두어 쉬게 하는 일. 인간이 관여할 수 없는 일에 개입하는 어떠한 힘. 그것이 바로 '스스로 그러한' 자연인 셈이다.

동양인들이 안명적 삶의 태도를 강조했던 까닭은 매사를 하늘에 맡기고 아무런 노력도 하지 말라는 뜻을 전달하기 위함이 아니다. 이는 '될 대로 되어라' 식의 패배주의와 다름없다. 다만 최선의 안명은 나에게 주어진 현실을 있는 그대로 수용하되 그 현실을 살아 내기를 끝까지 포기하지 않는 것이다.

강물이나 호수 속에 있는 듯 보이지만 명을 알지 못하는 사람은 그 마음이 말라비틀어지게 된다. 말라비틀어진 우물 속에서 근근이 버티면서도 안명이라는 희망의 끈을 놓지 않는 사람은 언젠간 반드시 쏟아질 비를 기꺼이 즐길 수 있다. 강물이나 호수는 물질적 풍요로움, 혹은 상황이나 조건의 유리함을 상징하는 것이 아니다. 마른 우물, 강물과 호수는 안명적 태도의 수준을 의미한다. 그저 악착같이 노력하는 일보다 더 근사한 것이 있다면 이는 명을 편안하게 여기며 노력하는 일일 것이다. 그래서 장자는 이렇게 말했다.

"자신에게 주어진 삶을 편안히 여기며 잘 살아 내는 일이야말로 자신의 죽음을 잘 맞이하는 길이다."

1장

1 중자中者 불편불의不偏不倚 무과불급지명명無過不及之名.《중용장구》

2 용庸 평상야平常也.《중용장구》

3 자왈子曰 "중용지위덕야기지의호中庸之爲德也其至矣乎! 민선구의民鮮久矣."《논어》〈옹야〉

4 능불균수일야能不龜手一也 혹이봉或以封 혹불면어병벽광或不免於洴澼絖 즉소용지이야則所用之異也.《장자》〈소요유〉

5 계로문사귀신季路問事鬼神 자왈子曰 "미능사인未能事人 언능사귀焉能事鬼?" 왈曰 "감문사敢問死" 왈曰 "미지생未知生 언지사焉知死?"《논어》〈선진〉

6 "무민지의務民之義 경귀신이원지敬鬼神而遠之 가위지의可謂知矣."《논어》〈옹야〉

7 자불어괴력난신子不語怪力亂神.《논어》〈술이〉

8 야반夜半 촉루현몽왈髑髏見夢曰. "자욕문사지설호子欲聞死之說乎?" 장자왈莊子曰 "연然." 촉루왈髑髏曰 "사死 무군어상無君於上 무신어하無臣於下 역무사시지사亦無四時之事 종연이천지위춘추從然以天地爲春秋 수남면왕락雖南面王樂 불능과야不能過也." 장자불신왈莊子不信曰 "오사사명부생자吾使司命復生子形 위자골육기부爲子骨肉肌膚 반자부모처자려리지식反子父母妻子閭里知識 자욕지호子欲之乎?" 촉루심빈축알왈髑髏深矉蹙頞曰 "오안능기남면왕락吾安能棄南面王樂 이부위인간지로호而復爲人間之勞乎?"《장자》〈지락〉

9 "생자生者 진구야塵垢也 사생위주야死生爲晝夜."《장자》〈지락〉

10 "사생死生 명야命也. 기유야단지상其有夜旦之常 천야天也."《장자》〈대종사〉

11 자왈子曰 "자행속수이상自行束脩以上 오미상무회언吾未嘗無誨焉."《논어》〈술이〉

12 자왈子曰 "유교有敎 무류無類."《논어》〈위령공〉

13 부경수단鳧脛雖短 속지즉우속之則憂. 학경수장鶴脛雖長 단지즉비斷之則悲. 고성장비소단故性長非所斷 성단비소속性短非所續 무소우야無所憂也. 차부병어무자且夫騈於拇者 결지즉읍決之則泣 지어수자枝於手者 흘지즉제齕之則啼 이자혹유여어수二者或有餘於數 혹부족어수或不足於數 기어우일야其於憂一也.《장자》〈변무〉

14 자왈子曰 "여욕무언予欲無言." 자공왈子貢曰 "자여불언子如不言 즉소자하술언則小子何述焉?" 자왈子曰 "천하언재天何言哉? 사시행언四時行焉 백물생언百物生焉 천하언재天何言哉?"《논어》〈양화〉

15 시기소미자위신기是其所美者爲神奇 기소오자위취부其所惡者爲臭腐. 취부부화위신기臭腐復化爲神奇 신기부화위취부神奇復化爲臭腐. 고왈故曰 "통천하일기이通天下一氣耳." 성인고귀일聖人故貴一.《장자》〈지북유〉

16 "구일신苟日新 일일신日日新 우일신又日新."《대학》

17 고대 상商나라의 초대 군주로 직전 왕조였던 하夏나라의 폭군 걸왕桀王을 몰아내고 새 왕조를 세웠다. 상나라의 마지막 수도가 은殷이었으므로 후대 사람들은 상나라를 은나라로 지칭하기도 했다.

18 "자산子産 청정국지정聽鄭國之政 이기승여以其乘輿 제인어진유濟人於溱洧. 맹자왈孟子曰 '혜이부지위정惠而不知爲政. 세십일월歲十一月 도강성杠 성成 십이월十二月 여량輿梁

成 민미병섭야民未病涉也. 군자평기정정君子·平其政 행벽인행辟人 가야可也. 언득인인이焉得人人而濟之? 고위정자고爲政者 매인이열지每人而悅之 일역부족의日亦不足矣."《맹자》〈이루 하〉

19 "물유본말物有本末 사유종시事有終始 지소선후지소선후知所先後 즉근도의則近道矣."《대학》

20 "당체지화唐棣之華! 편기번이偏其反而, 기불이사豈不爾思 실시원이室是遠而." 자왈子曰 "미지사야未之思也 부하원지유夫何遠之有?"《논어》〈자한〉

21 "서부진언書不盡言 언부진의言不盡意."《주역》〈계사상전〉

22 "지자불언언자부지者言 언자부지언者不知."《도덕경》

23 착륜斲輪 서즉감이불고徐則甘而不固 질즉고이불입疾則苦而不入. 불서불질不徐不疾 득지어수得之於手 이응어심而應於心 구불능언口不能言, 유수존언어기간有數存焉於其間 신불능이유신지자臣不能以喩臣之子 신지자역불능수지어신臣之子亦不能受之於臣 시이행년칠십이로착륜是以行年七十而老斲輪.《장자》〈천도〉

2장

24 자왈子曰 "군자지어천하야君子之於天下也 무적야無適也 무막야無莫也. 의지여비義之與比."《논어》〈이인〉

25 성인이필불필聖人以必不必. 고무병故無兵. 중인이불필필衆人以不必必. 고다병故多兵.《장자》〈열어구〉

26 심자心者 형지군야形之君也.《순자》〈해폐〉

27 노담왈老聃曰 "지기웅지기자知其雄 수기자守其雌 위천하계爲天下谿. 지기백知其白 수기욕守其辱 위천하곡爲天下谷."《장자》〈천하〉

28 의지여비義之與比

29 장자와 동시대를 살았던 인물로 송나라 사람이다. 제자백가 가운데 명목과 실제가 일치해야 함을 주장했던 명가名家를 대표했다. 위나라 혜왕惠王과 양왕襄王을 섬기며 재상을 지냈다.

30 이반인위실以反人爲實 이욕이승인위명而欲以勝人爲名 시이여중부적야是以與衆不適也. 유천지지도由天地之道 관혜시지능觀惠施之能 기유일문일맹其猶一蚊一虻之勞者也. 시궁향이성是窮響以聲 형여영경주야形與影競走也 비부悲夫.《장자》〈천하〉

31 오생야유애吾生也有涯 이지야무애而知也无涯 이유애수무애以有涯隨无涯 태이이殆已.《장자》〈양생주〉

32 자왈子曰 "군자주이불비君子周而不比 소인비이부주小人比而不周."《논어》〈위정〉

33 "천하지수병天下之受病 도출어투현질능都出於妬賢嫉能. 천하지구병天下之救病 도출어호현락선都出於好賢樂善. 고왈故曰 '투현질능妬賢嫉能 천하지다병야天下之多病也 호현락선好賢樂善 천하지대약야天下之大藥也'."《동의수세보원》〈광제설〉

34 《춘추좌전》〈애공〉에 따르면 사마우에게는 사마환퇴 외에도 사마향소란 형이 있었다. 또 사마자기와 사마자차란 두 동생이 있었다. 그러므로 사마우의 형제는 적어도 다섯 이상이 된다. 사마환퇴가 반란에 실패한 결과 환퇴는 위衛나라로, 향소는 노魯나라로, 우는 제齊나

라로 도망쳤다. 환퇴가 제나라로 쫓겨 오자 우는 다시 오吳나라로 도망쳤다. 우는 송나라로 되돌아갔다가 말년에는 노나라에 와 스승인 공자 곁에서 생을 마감했다.

35 사마우우왈司馬牛憂日 "인개유형제人皆有兄弟 아독망我獨亡." 자하왈子夏日 "상문지의商聞之矣 '사생유명死生有命 부귀재천富貴在天.' 군자경이무실君子敬而無失 여인공이유례與人恭而有禮 사해지내四海之內 개형제야皆兄弟也. 군자하환호무형제야君子何患乎無兄弟也."《논어》〈안연〉

36 "적래適來 부자시야夫子時也. 적거適去 부자순야夫子順也, 안시이처순安時而處順 애락불능입야哀樂不能入也, 고자위시古者謂是 '제지현해帝之縣解.'"《장자》〈양생주〉

37 차유진인且有眞人 이후유진지而後有眞知. 하위진인何謂眞人? 고지진인古之眞人 불역과不逆寡 불웅성不雄成 불모사不謨士. 약연자若然者 과이불회過而弗悔 당이부자득야當而不自得也.《장자》〈대종사〉

38 자절사子絶四 무의毋意 무필毋必 무고毋固 무아毋我.《논어》〈자한〉

39 구산적비이위고丘山積卑而爲高 강하합수이위대江河合水而爲大. 대인합병이위공大人合幷而爲公. 시이자외입자是以自外入者 유주이부집有主而不執. 유중출자由中出者 유정이불거有正而不距. 사시수기四時殊氣 천불사지天不賜 고세성故歲成.《장자》〈척양〉

40 비여행원필자이이辟如行遠必自邇 비여등고필자비辟如登高必自卑.《중용》

41 유교 경전인 삼경三經 가운데 하나로 역경易經 혹은 역易이라고도 한다. 공자는 《논어》〈술이〉편에서 이렇게 말했다. "가아수년加我數年 오십이학역五十以學易 가이무대과의可以無大過矣." 이는 '하늘이 나에게 몇 년을 더 주셔서 오십 세에 주역을 배웠다면 큰 허물은 없었을 것이다'라는 뜻이다.

42 '항룡유회亢龍有悔, 영불가구야盈不可久也.'《주역》

43 천상천하天上天下 유아위존唯我爲尊.《수행본기경》

44 군자유저기이후구저인君子有諸己而後求諸人 무저기이후비저인無諸己而後非諸人.《대학》

45 자왈子曰 "세한연후歲寒然後 지송백지후조知松栢之後彫也."《논어》〈자한〉

46 고대 중국의 걸출했던 제왕들을 일컫는 삼황오제三皇五帝 가운데 한 사람으로 성은 우虞, 이름은 중화重華다. 우순舜 혹은 제순유우帝舜有虞라고도 한다.

47 순양천하어자주지백舜讓天下於子州支伯 자주지백왈子州支伯曰 "여적유유우지병予適有幽憂之病 방차치지方且治之 미가치천하야未暇治天下也."《장자》〈양왕〉

48 서지언왈書之言曰 "좌수확지즉우수폐左手攫之則右手廢 우수확지즉좌수폐右手攫之則左手廢 연이확지자필유천하然而攫之者必有天下 인불확야人不攫也, 자시관지自是觀之 양비중어천하야兩臂重於天下也."《장자》〈양왕〉

49 도지진이치신道之眞以治身 기서여이위국가其緖餘以爲國家 기토자이치천하其土苴以治天下.《장자》〈양왕〉

50 "거자체지일모去子體之一毛 이제일세以濟一世 여위지호汝爲之乎?"《열자》〈양주〉

51 "자불달부자지심子不達夫子之心 오청언지吾請言之. 유침약기부有侵若肌膚 획만금자獲萬金者 약위지호若爲之乎?"《열자》〈양주〉

52 "유단약일절득일국有斷若一節得一國 자위지호子爲之乎?"《열자》〈양주〉

53 "일모미어기부一毛微於肌膚 기부미어일절肌膚微於一節 성의의省矣矣. 연즉적일모이성기부然則積一毛以成肌膚 적기부이성일절積肌膚以成一節. 일모고일체만분중지일물一毛固一體萬分中之一物 내하경지호奈何輕之乎?"《열자》〈양주〉

54 수나라 제후에게 뱀이 물어다 줬다는 유명한 진주로 '수후지주隨侯之珠'라 한다.

55 이수후지주탄천인지작以隨侯之珠彈千仞之雀 세필소지世必笑之. 즉기소용자중이소요자경 야즉기소용자중이소요자경야則其所用者重而所要者輕也.《장자》〈양왕〉

3장

56 "약주고어구藥酒苦於口 이리어병而利於病 충언역어이忠言逆於耳 이리어행而利於行."《공자가어》〈육본〉

57 자유왈子游曰 "사군삭事君數 사욕의斯辱矣, 붕우삭朋友數 사소의斯疏矣."《논어》〈이인〉

58 "사부모事父母 기간幾諫."《논어》〈이인〉

59 노애공문어중니왈魯哀公問於仲尼曰 "위유오인언衛有惡人焉 왈애태타曰哀駘它. 장부여지 처자丈夫與之處者 사이불능거야思而不能去也. 부인견지婦人見之 청어부모왈請於父母曰 여위인처與爲人妻 영위부자첩寧爲夫子妾, 십수이미지야十數而未止也. 미상유문기창 자야未嘗有聞其唱也. 상화이이야상화이이常和而已矣."…"구야丘也 상사어초의嘗使於楚矣, 적견 돈자식어기사모자適見㹠子食於其死母者, 소언순약少焉眴若 개기지이주皆棄之而走. 불견 기언이不見己焉爾 부득류언이不得類焉爾. 소애기모자所愛其母者 비애기형非愛其形也 애사기형자야愛使其形者也. 금애태타미언이신今哀駘它未言而信 무공이친無功而親, 시필 재전이덕불형자야야必才全而德不形者也."《장자》〈덕충부〉

60 "접이생어심자야接而生時於心者也 시지위재전是之謂才全, 덕자德者 성화지수야成和之 수야修也. 덕불형자德不形者 물불능리야物不能離也."《장자》〈덕충부〉

61 자공문왈子貢問曰 "유일언이가이종신행지자호有一言而可以終身行之者乎?" 자왈子曰 "기 서호其恕乎! 기소불욕己所不欲 물시어인勿施於人."《논어》〈위령공〉

62 민습침즉요질편사民溼寢則腰疾偏死 추연호재鰌然乎哉? 목처즉췌률준구木處則惴慄恂懼 원후연호재猨猴然乎哉? 민식추환民食芻豢 미록식천麋鹿食薦 즉저감대저且甘帶 치아기서 鴟鴉耆鼠, 원편저이위자猨猵狙以爲雌 미여록교麋與鹿交 추어어유鰌與魚游. 모장毛嬙 이 희麗姬 인지소미야人之所美也 어견지심입魚見之深入 조견지고비鳥見之高飛 미록견지결 취麋鹿見之決驟.《장자》〈제물론〉

63 장주가빈莊周家貧 고왕대속어감하후故往貸粟於監河侯. 감하후왈監河侯曰 "낙諾. 아장득 읍금我將得邑金 장대자삼백금將貸子三百金 가호가乎?"《장자》〈외물〉

64 장주분연작색왈莊周忿然作色曰 "주작래周昨來 유중도이호자有中道而呼者. 주고시周顧視 차철중유부어어車轍中有鮒魚焉. 주문지왈周問之曰 부어래鮒魚來 자하위자야子何爲者邪 대왈對曰 '아동해지파신야我東海之波臣也. 군기유두승지수이활아재君豈有斗升之水而活 我哉' 주왈周曰 '낙諾. 아차남유오월지왕我且南遊吳越之王 격서강지수이영자激西江之水 而迎子 가호가乎?' 부어분연작색왈鮒魚忿然作色曰 '오실아상여吾失我常與 아무소처我無 所處. 오득두승지수연활이吾得斗升之水然活耳. 군내언차君乃言此 증불여조색아어고어지 사曾不如早索我於枯魚之肆.'"《장자》〈외물〉

65 자왈子曰 "교언영색巧言令色 선의인鮮矣仁."《논어》〈학이〉,〈양화〉

66 자왈子曰 "군자君子 욕눌어언이민어행欲訥於言而敏於行."《논어》〈이인〉

67 자공문군자子貢問君子 자왈子曰 "선행기언先行其言 이후종지而後從之."《논어》〈위정〉

68 자왈子日 "고자언지불출古者言之不出 치궁지불체야恥躬之不逮也."《논어》〈이인〉

69 여비색인수견악취재전如鼻塞人雖見惡臭在前 비중부증문득鼻中不曾聞得 편역불심오便亦不甚惡. 역지시부증지취亦只是不曾知臭. 취여칭모인지효就如稱某人知孝 모인지제某人知弟. 필시기인이증행효행제야必是其人已曾行孝行弟 방가칭타지효지제方可稱他知孝知弟. 불성지시효득설사효제적화不成只是曉得說些孝弟的話 편가칭위지효제便可稱爲知孝弟. 우여지통又如知痛 필이자통료必已自痛了 방지통방한痛. 지한知寒 필이자한료必已自寒了 지기知饑 필이자기료必已自饑了. 지행여하분득개회행여하득개문知行如何分得箇會行如何得箇開?《전습록》〈서애인언〉

70 옥불탁불성기玉不琢不成器 인불학부지도人不學不知道. 시고고지왕자건국군민是故古之王者建國君民 교학위선教學爲先. 수유가효雖有嘉肴 불식불지기지야弗食不知其旨也. 수유지도雖有至道 불학부지기선야不學不知其善也. 고학연후지부족故學然後知不足 교연후지곤教然後知困. 지부족연후능자반야知不足然後能自反也 지곤연후능자강知困然後能自強也. 고왈故日 교학상장야教學相長也.《예기》〈학기〉

71 번지문인樊遲問仁. 자왈子日 "애인愛人."《논어》〈안연〉

72 자공문위인子貢問爲仁. 자왈子日 "공욕선기사工欲善其事 필선리기기必先利其器."《논어》〈위령공〉

73 자왈子日 "중인이상中人以上 기이어상야可以語上也 중인이하中人以下 불가이어상야不可以語上也."《논어》〈옹야〉

74 객왈客日 "오문지吾聞之 가여왕자여지可與往者與之 지어묘도至於妙道 불가여왕자不可與往者 부지기도不知其道 신물여지愼勿與之. 신내무구身乃無咎."《장자》〈어부〉

75 지부지知不知 상上 부지지不知知 병病.《도덕경》

76 장자송장莊子送葬 과혜자지묘過惠子之墓 고위종자왈顧謂從者日 "영인악만기비단약승익郢人堊慢其鼻端若蠅翼 사장석착지使匠石斲之. 장석운근성풍匠石運斤成風 청이착지聽而斲之. 진악이비불상室而鼻不傷. 영인립불실용郢人立不失容. 송원군문지宋元君聞之 초장석왈召匠石日 '상시위과인위지嘗試爲寡人爲之.' 장석왈匠石日 '신즉상능착지臣則嘗能斲之 수연雖然 신지질사구의臣之質死久矣.' 자부자지사야自夫子之死也 오무이위질의吾無以爲質矣. 오무여언지의吾無與言之矣."《장자》〈서무귀〉

77 "고유무상생故有無相生 난이상성難易相成 장단상교長短相較 고하상경高下相傾 음성상화音聲相和 전후상수前後相隨. 항세恒世."《도덕경》

78 자왈子日 "인이무신人而無信 부지기가야不知其可也. 대거무예大車無輗 소거무월小車無軏 기하이행지재其何以行之哉?"《논어》〈위정〉

79 자왈子日 "불역사不逆詐 불억불신不億不信. 억역선각자抑亦先覺者 시현호是賢乎."《논어》〈헌문〉

4장

80 장강후랑추전랑長江後浪推前浪 전랑사재사탄상前浪死在沙灘上 후랑풍광능기시後浪風光能幾時 전안환불시일양양眼還不是一樣 전랑불사회해상前浪不死回海上 욕화중생성후랑欲火重生成後浪.《증광현문》

81 자왈子日 "후생가외後生可畏 언지래자지불여금야焉知來者之不如今也? 사십오십이무문언

四十五十而無聞焉 사역부족외야이斯亦不足畏也已."《논어》〈자한〉

82 년선의年先矣 이무경위본말이기래자而無經緯本末以期來者 시비선야是非先也. 인이무이선인人而無以先人 무인도야無人道也. 인이무인도人而無人道 시지위진인是之謂陳人.《장자》〈우언〉

83 "진자眞者 정성지지야精誠之至也. 부정불성不精不誠 불능동인不能動人. 고강곡수비불애故强哭者雖悲不哀 강노자수엄불위强怒者雖嚴不威 강친자수불화强親者雖笑不和. 진비무성이애眞悲無聲而哀 진노미발이위眞怒未發而威 진천미소이화眞親未笑而和. 진재내자眞在內者 신동어외神動於外 시소이귀진야是所以貴眞也."《장자》〈어부〉

84 공자왈孔子曰 "생이지지자生而知之者 상야上也 학이지지자學而知之者 차야次也 곤이학지困而學之 우기차야又其次也 곤이불학困而不學 민사위하의民斯爲下矣."《논어》〈계씨〉

85 안연문어중니왈顔淵問於仲尼曰 "부자보역夫子步亦步 부자추역추夫子趨亦趨 부자치역치夫子馳亦馳 부자분일절진夫子奔逸絶塵 이회당약호후의而回瞠若乎後矣."《장자》〈전자방〉

86 "부당취소애不當趣所愛 역막유불애亦莫有不愛. 애지불견우愛之不見憂 불애견역우不愛見亦憂."《법구경》〈호희품〉

87 구체적으로는 색온色蘊, 수온受蘊, 상온想蘊, 행온行蘊, 식온識蘊의 오온五蘊을 일컫는다. 색은 육체, 수는 감각, 상은 상상, 행은 마음의 작용, 식은 의식으로 색은 육체의 영역이고 수상행식은 마음의 영역이다.

88 자왈子曰 "삼인행三人行 필유아사언必有我師焉. 택기선자이종지擇其善者而從之 기불선자이개지其不善者而改之."《논어》〈술이〉

89 "도생일道生一 일생이一生二 이생삼二生三 삼생만물三生萬物."《도덕경》

90 "타산지석它山之石 가이위착可以爲錯. 타산지석它山之石 가이공옥可以攻玉."《시경》〈소아〉

91 지기우자知其愚者 비대우야非大愚也. 지기혹자知其惑者 비대혹야非大惑也. 대혹자大惑者 종신불해終身不解. 대우자大愚者 종신불령終身不靈. 삼인행이일인혹三人行而一人惑 소적자유가치야소適者猶可致也. 혹자소야惑者少也. 이인혹즉노이부지二人惑則勞而不至. 혹자승야惑者勝也.《장자》〈천지〉

92 자왈子曰 "청송聽訟 오유인야吾猶人也 필야사무송호必也使無訟乎."《논어》〈안연〉

93 동한東漢의 역사가 반고班固가 서한西漢의 역사를 기전체紀傳體로 기술한 것이《한서》다. 기紀, 전傳, 지志, 표表로 분류된다. 기는 역대 황제, 전은 역대 인물, 지는 도서 목록, 표는 연표를 다루고 있다.〈예문지〉는 한서에 수록된 열 권의 지志 가운데 마지막 권이다.

94 전국시대에 활동했던 초나라 사람으로 알려져 있다. 본명은 전해지지 않는다. 개개비갈새의 깃털로 장식한 관을 쓰고 다녔기 때문에 갈관자라고 불리었음을 유추할 수 있다. 평생 벼슬하지 않고 은거했다고 한다.

95 "자곤제삼인子昆弟三人 기숙최선위의其孰最善爲醫?" 편작왈扁鵲曰 "장형최선長兄最善 중형차지中兄次之 편작최위하扁鵲最爲下." 위문후왈魏文侯曰 "가득문야可得聞邪?"《갈관자》〈세현〉

96 편작왈扁鵲曰 "장형어병시신長兄於病視神 미유형이제又未有形而除之, 고명불출어가故名不出於家. 중형치병中兄治病 기재호모其在毫毛, 고명불출어려故名不出閭. 약편작자若扁鵲者 참혈맥鑱血脈 투독약投毒藥 복기부副肌膚, 한이명출문어제후閒而名出聞於諸侯."《갈관자》〈세현〉

97 "마馬 제가이천상설蹄可以踐霜雪 모가이어풍한毛可以禦風寒, 흘초음수齕草飲水 요족이륙翹足而陸. 차마지진성야此馬之眞性也. 수유의대雖有義臺 노침로침路寢 무소용지無所用之. 급지백락至伯樂 왈曰 '아선치마我善治馬' 소지체지소之燒之 척지剔之 각지낙지刻之 낙지雒之 연지이기連之以羈縶 편지이조잔編之以皁棧. 마지사자십이삼의馬之死者十二三矣. 기이갈지飢之 갈지渴之 치지취지馳之 취지驟之 정지제지整之 제지齊之. 전유궐식지환前有橛飾之患 이후유편책지위而後有鞭筴之威. 이마지사자이과반의而馬之死者已過半矣."《장자》〈마제〉

98 "부마夫馬 육거즉식초음수陸居則食草飲水 희즉교경상마喜則交頸相靡 노즉분배상제怒則分背相踶. 마지이차의馬知已此矣. 부가이형액夫加之以衡扼 제지이월제齊之以月題 이마지개예而馬知介倪 인액闉扼 지만驚鷙 궤함궤衡 절비窃轡. 고마지지이태지도자故馬之知而態至盜者 백락지죄야伯樂之罪也."《장자》〈마제〉

99 "국지리기國之利器 불가이시인不可以示人."《도덕경》

100 "다언삭궁多言數窮."《도덕경》

101 자왈子曰 "무가무불가無可無不可."《논어》〈미자〉

102 자장子張 학간록學干祿 자왈子曰 "다문궐의多聞闕疑 신언기여즉과우愼言其餘則寡尤. 다견궐태多見闕殆 신행기여즉과회愼行其餘則寡悔. 언과우言寡尤 행과회行寡悔 녹재기중의祿在其中矣."《논어》〈위정〉

103 오도吾道 일이관지一以貫之.《논어》〈이인〉

104 남해지제위숙南海之帝爲儵 북해지제위홀北海之帝爲忽 중앙지제위혼돈中央之帝爲渾沌. 숙여홀儵與忽 시상여우어혼돈지지時相與遇於渾沌之地, 혼돈대지심선渾沌待之甚善. 숙여홀모보혼돈지덕왈儵與忽謀報渾沌之德曰 "인개유칠규人皆有七竅 이시청식식以視聽食息 차독무유此獨無有, 상시착지嘗試鑿之." 일착일규日鑿一竅 칠일이혼돈사七日而渾沌死.《장자》〈응제왕〉

105 "지인지용심至人之用心 약경若鏡, 불장불영不將不迎 응이불장應而不藏. 고능승물이불상故能勝物而不傷."《장자》〈응제왕〉

5장

106 "인심유위人心惟危 도심유미道心惟微, 유정유일惟精惟一 윤집궐중允執厥中."《서경》〈대우모〉

107 본명은 정이程頤로 형兄이자 명도明道 선생으로 잘 알려진 정호程顥와 함께 이정二程이라 불리기도 한다.

108 "공즉일公則一 사즉만수私則萬殊. 인심부동여면人心不同如面 지시사심只是私心."《근사록》〈도체〉

109 "인지정人之情 막불호선이오악莫不好善而惡惡 모시이수비慕是而羞非. 연선차시자개과然善且是者蓋寡 악차비자실다惡且非者實多, 하재何哉? 〈치지재격물론〉

110 "개물유지야皆物誘之也 물박지야物迫之也. 불궤지민不軌之民 비부지천유탐낭지가수야非不知穿窬探囊之可羞也 이모행지而冒行之 구어기한고야驅於饑寒故也. 실절지신失節之臣 역비부지반군사수지가괴야亦非不知反君事讎之可愧也 이인처지而忍處之 핍어형화고야逼於刑禍故也. 비여축수자불견태산譬如逐獸者不見泰山 탄작자불각지점의야彈雀者

不覺露之霑衣也. 수성청의水誠淸矣 니사골지泥沙汨之 즉면이불견기영則俛而不見其影. 촉성명의燭誠明矣 거장예지擧掌翳之 즉지척불변인미목則咫尺不辨人眉目. 황부귀지골기지황富貴之汨其智 빈천지예기심재貧賤之翳其心哉?"〈치지재격물론〉

111 자왈子曰 "선인善人 오부득이견지의吾不得而見之矣 득견유항자得見有恒者 사가의斯可矣. 무이위유亡而爲有 허이위영虛而爲盈 약이위태約而爲泰 난호유항의難乎有恒矣."《논어》〈술이〉

112 최구문어노담왈崔瞿問於老聃曰 "불치천하不治天下 안장인심安藏人心?"《장자》〈재유〉

113 작약淖約 유호강강유호강剛强. 염궤조탁廉劌彫琢. 기열초화其熱焦火 기한응빙其寒凝冰. 기질면앙지간其疾俛仰之間 이재무사해지외而再撫四海之外. 기거야연이정其居也淵而靜 기동야현이천其動也縣而天. 분교이불가계자僨驕而不可係者 기유인심호其唯人心乎.《장자》〈재유〉

114 "상창유질常摐有疾 노자왕문언왈老子往問焉曰 '선생질심의先生疾甚矣 무유교가이어저제자자호無遺敎可以語諸弟子者乎?'"《설원》〈경신〉

115 장기구이시노자왈張其口而示老子曰 "오설존호吾舌存乎?" 노자왈老子曰 "연然." "오치존호吾齒存乎?" 노자왈老子曰 "망亡." 상창왈常摐曰 "자지지호子知之乎?" 노자왈老子曰 "부설지존야夫舌之存也 기비이기유야豈非以其柔耶? 치지망야齒之亡也 기비이기강야豈非以其剛耶?" 상창왈常摐曰 "희嘻 시이의是已. 천하지사이진의天下之事已盡矣 무이부어자재無以復語子哉."《설원》〈경신〉

116 "천하막유약어수天下莫柔弱於水 이공견강자막지능승而攻堅强者莫之能勝. 기무이이지其無以易之. 약지승강弱之勝强 유지승강柔之勝剛."《도덕경》

117 병법에 관한 일곱 가지 책, 무경칠서武經七書로 분류되는 《삼략三略》의 〈상략上略〉에 유능제강柔能制剛이란 표현이 등장한다.

118 《사기》〈진세가〉에는 이런 기록이 있다. '오년五年 벌여융伐驪戎 득이희이희제得驪姬驪姬弟 구애행지俱愛幸之.' '5년'이란 '진헌공晉獻公 5년의 일'이라는 뜻이다. 다음 문장은 '진헌공은 여융을 정벌하여 이희와 이희의 동생을 얻게 되었는데 두 자매 모두를 사랑했다'는 뜻이다. 애艾 땅은 여융국의 지명이다.

119 "이지희麗之姬 애봉인지자艾封人之子也. 진국지시득지야晉國之始得之也 체읍점금涕泣沾襟. 급기지어왕소及其至於王所 여왕동광상與王同筐床 식추환식錫芻豢 이후회기읍야而後悔其泣也. 여오호지부사자予惡乎知夫死者 불회기시지기생호不悔其始之蘄生乎?"《장자》〈제물론〉

120 "사동호아자정지使同乎我者正之 기동호아의旣同乎我矣 오능정지惡能正之? 사이호아여약자정지使異乎我與若者正之 기이호아여약의旣異乎我與若矣 오능정지惡能正之? 연즉아여약여인然則我與若與人 구불능상지야俱不能相知也."《장자》〈제물론〉

121 '차유대각이후지차기대몽야且有大覺而後知此其大夢也.'《장자》〈제물론〉

122 자공왈子貢曰 "빈이무첨貧而無諂 부이무교富而無驕 하여何如?" 자왈子曰 "가야可也. 미약빈이락未若貧而樂 부이호례자야富而好禮者也." 자공왈子貢曰 "시운詩云 '여절여차如切如磋 여탁여마如琢如磨' 기사지위여其斯之謂與." 자왈子曰 "사야賜也 시가여언시이의始可與言詩已矣. 고저왕이래자告諸往而知來者."《논어》〈학이〉

123 자왈子曰 "현재회야賢哉回也. 일단사일표음一簞食一瓢飮 재루항在陋巷. 인불감기우人不堪其憂 회야回也 불개기락不改其樂. 현재회야賢哉回也."《논어》〈옹야〉

124 "여절여차如切如磋 여탁여마如琢如磨."《시경》〈위풍〉

125 자왈子曰 "군자태이불교君子泰而不驕 소인교이불태小人驕而不泰."《논어》〈자로〉

126 자왈子曰 "지자불혹知者不惑 인자불우仁者不憂 용자불구勇者不懼."《논어》〈자한〉

127 지사무사려지변즉불락知士無思慮之變則不樂, 변사무담설지서즉불락辯士無談說之序則不樂, 찰사무능신지사즉불락察士無淩誶之事則不樂, 개유어물자야皆囿於物者也.《장자》〈서무귀〉

128 오왕부어강吳王浮於江 등호저지산登乎狙之山, 중저견지衆狙見之 준언기이주恂然棄而走 도어심지逃於深蓁, 유일저언有一狙焉 위이확소委蛇攫搔 견교호왕見巧乎王, 왕사지王射之 민급박첩시敏給搏捷矢, 왕명상자추사王命相者趨射 저집사狙執死.《장자》〈서무귀〉

129 진陳나라 사람으로 성은 전손顓孫 이름은 사師다. 공자보다 48년 아래였으므로 후진後進, 즉 어린 제자들 그룹에 속한다.

130 자장문어공자왈子張問於孔子曰 "하여사가이종정의何如斯可以從政矣?" 자왈子曰 "존오미병사악尊五美 屛四惡 사가이종정의斯可以從政矣." 자장왈子張曰 "하위오미何謂五美?" 자왈子曰 "군자혜이불비君子惠而不費 노이불원勞而不怨 욕이불탐欲而不貪 태이불교泰而不驕 위이불맹威而不猛." 자장왈子張曰 "하위사악何謂四惡?" 자왈子曰 "불교이살不教而殺 위지학謂之虐 불계시성不戒視成 위지포謂之暴 만령치기慢令致期 위지적謂之賊 유지여인야猶之與人也 출납지린出納之吝 위지유사謂之有司."《논어》〈요왈〉

131 "인개유불인인지심人皆有不忍人之心 소이위인개유불인인지심지All以謂人皆有不忍人之心者 금인今人 사견유자장입어정乍見孺子將入於井 개유출척측은지심皆有怵惕惻隱之心, 비소이내교어유자지부모야非所以內交於孺子之父母也 비소이요예어향당붕우야非所以要譽於鄕黨朋友也 비오기성이연야非惡其聲而然也."《맹자》〈공손추 상〉

132 자왈子曰 "사즉불손奢則不孫 검즉고儉則固, 여기불손야與其不孫也 영고寧固."《논어》〈술이〉

133 "정와불가이어어해자井蠅不可以語於海者 구어허야拘於虛也, 하충불가이어어빙자夏蟲不可以語於冰者 독어시야篤於時也. 곡사불가이어어도자曲士不可以語於道者 속어교야束於教也."《장자》〈추수〉

134 "총욕약경寵辱若驚, 귀대환약신貴大患若身."《도덕경》

135 "차당치차양자이도외이且當置此兩子於度外耳."《후한서》〈외효공손술열전〉

136 자왈子曰 "군자君子 탄탕탕坦蕩蕩 소인小人 장척척長戚戚."《논어》〈술이〉

137 "방주이제어하方舟而濟於河 유허선래촉주有虛船來觸舟 수유편심지인雖有偏心之人 불노不怒, 유일인재기상有一人在其上 즉호장흡지則呼張歙之, 일호이불문一呼而不聞 재호이불문再呼而不聞 어시삼호언於是三呼邪 즉필이악성수지則必以惡聲隨之, 향야불노이금야노向也不怒而今也怒 향야허이금야실向也虛而今也實, 인능허기이유세人能虛己以遊世 기숙능해지其孰能害之?"《장자》〈산목〉

138 차거세이예지이불가권且擧世而譽之而不加勸 거세이비지이불가저擧世而非之而不加沮, 정호내외지분定乎內外之分 변호영욕지경辯乎榮辱之竟 사이의斯已矣. 피기어세彼其於世 미삭삭연야未數數然也.《장자》〈소요유〉

6장

139 고자왈告子曰 "생지위성生之謂性."《맹자》〈고자 상〉

140 "연즉견지성연則犬之性 유우지성猶牛之性 우지성牛之性 유인지성여猶人之性與?"《맹자》
〈고자 상〉

141 중국 남송南宋대의 철학자로 성은 주朱 이름은 희熹다. 이전까지 공자와 맹자를 위시하
였던 유학儒學의 시류에 새로운 지평을 열었다.

142 "우안愚按 성자性者 인지소득어천지리야人之所得於天之理也 생자生者 인지소득어천지
기야人之所得於天之氣也. 성性 형이상자야形而上者也 기氣 형이하자야形而下者也. 인물
지생人物之生 막불유시성莫不有是性 역막불유시기亦莫不有是氣. 연이기언지然以氣言之
즉지각운동則知覺運動 인여물약이人與物若不異也 이리언지以理言之 즉인의예지지
오則仁義禮智之稟 기물지소득이전재豈物之所得而全哉? 차인지성소이무불선此人之性所
以無不善 이위만물지영야而爲萬物之靈也."《맹자집주》

143 측은지심惻隱之心 인지단야仁之端也 수오지심羞惡之心 의지단야義之端也 사양지심辭讓
之心 예지단야禮之端也 시비지심是非之心 지지단야智之端也.《맹자》〈공손추 상〉

144 자왈子曰 "지지자불여호지자知之者不如好之者 호지자불여락지자好之者不如樂之者."
《논어》〈옹야〉

145 장주유호조릉지번莊周遊乎雕陵之樊 도일이작睹一異鵲. 자남방래자自南方來者 익광칠척
翼廣七尺 목대운촌目大運寸. 감주지상이집어율림感周之顙而集於栗林. 건상각보蹇裳躩步
집탄이류지執彈而留之. 도일선방득이므이망기신睹一蟬方得美蔭而忘其身. 당랑집예이박
지螳蜋執翳而搏之. 견득이망기형見得而忘其形. 이작종이리지지異鵲從而利之 견리이망기진
見利而忘其眞.《장자》〈산목〉

146 "지지이후유정知止而後有定, 정이후능정定而後能靜, 정이후능안靜而後能安, 안이후능려
安而後能慮, 려이후능득慮而後能得."《대학》

147 초광접여가이과공자楚狂接輿歌而過孔子 "봉혜봉혜鳳兮鳳兮, 하덕지쇠何德之衰? 왕
자왕자往者 불가간不可諫 래자래자來者 유가추猶可追 이이已而, 이이已而, 금지종정자今之從政
者 태이殆而." 공자하孔子下 욕여지언欲與之言. 추이피지趨而辟之 부득여지언不得與之
言.《논어》〈미자〉

148 공자적초孔子適楚 초광접여유기문왈楚狂接輿遊其門曰 "내세불가대來世不可待 왕세불가
추야往世不可追也. 복경호우福輕乎羽 막지지재莫之知載, 화중호지禍重乎地 막지지피莫
之知避. 산목자구야山木自寇也 고화자전膏火自煎也. 계가식桂可食 고벌지故伐之 칠가
용漆可用 고할지故割之. 인개지유용지용人皆知有用之用 이막지무용지용야而莫知無用之
用也."《장자》〈인간세〉

149 노나라 사람으로 공자의 열 수제자인 공문십철孔門十哲 가운데 한 사람이다. 성이 안顔
이름은 회回다. 그의 자字가 자연子淵이었으므로 안연顔淵으로도 널리 알려져 있다.

150 안연사顔淵死 자왈子曰 "희噫! 천상여天喪予, 천상여天喪予."《논어》〈선진〉

151 자왈子曰 "회야시여유부回也視予猶父也 여부득시유자야予不得視猶子也. 비아야非我
也 부이삼자야夫二三子也."《논어》〈선진〉

152 "군자지교담약수君子之交淡若水 소인지교감약례小人之交甘若醴. 군자담이친君子淡以親
소인감이절小人甘以絕."《장자》〈산목〉

153 전시인지족蹈市人之足 즉사이방오則辭以放驁 형즉이구兄則以嫗 대친즉이의大親則已矣. 고왈故曰 "지례유불인至禮有不人 지의불물至義不物 지지불모至知不謀 지인무친至仁無親 지신벽금至信辟金."《장자》〈경상초〉

154 맹자왈孟子曰 "비례지례非禮之禮 비의지의非義之義 대인불위大人弗爲."《맹자》〈이루 하〉

155 고서시병심이빈기리故西施病心而矉其里 기리지추인견이미지其里之醜人見而美之. 귀역봉심이빈기리歸亦捧心而矉其里. 기리지부인견지其里之富人見之 견폐문이불출堅閉門而不出. 빈인견지貧人見之 설처자이거지주挈妻子而去之走. 피지빈미彼知矉美 이부지빈지소이미이불지其所以美.《장자》〈천운〉

156 공자어향당孔子於鄕黨 순순여야恂恂如也 사불능언자似不能言者. 기재종묘조정其在宗廟朝廷 변변언便便言 유근이唯謹爾.《논어》〈향당〉

157 〈마르코 복음서〉 및 〈루카 복음서〉 참조.

158 "인부지이불온人不知而不慍 불역군자호不亦君子乎."《논어》〈학이〉

159 "불환인지불기지不患人之不己知 환부지인야患不知人也."《논어》〈학이〉

160 "부수행막여용주夫水行莫如用舟 이육행막여용차而陸行莫如用車. 이주지가행어수야以舟之可行於水也 이구추지어륙而求推之於陸 즉몰세불행심상則沒世不行尋常."《장자》〈천운〉

161 고대 중국의 요임금과 순임금을 말한다. 덕망 있는 임금이 천하를 다스렸다 하여 두 임금이 다스린 시기를 요순시대라 부른다.

162 자로문군자子路問君子 자왈子曰 "수기이경修己以敬." 왈曰 "여사이이호如斯而已乎?" 왈曰 "수기이안인修己以安人." 왈曰 "여사이이호如斯而已乎?" 왈曰 "수기이안백성修己以安百姓. 수기이안백성修己以安百姓 요순蕘舜 기유병저其猶病諸."《논어》〈헌문〉

163 "일가인一家仁 일국흥인一國興仁. 일가양一家讓 일국흥양一國興讓. 일인탐려一人貪戾 일국작란一國作亂 기기여차其機如此. 차위일언분사此謂一言僨事 일인정국一人定國."《대학》

164 "행유부득자行有不得者 개반구저기皆反求諸己 기신정이천하귀기其身正而天下歸之."《맹자》〈이루 상〉

165 부불자견이견피夫不自見而見彼 부자득이득피자不自得而得彼者 시득인지득이부자득기득자야是得人之得而不自得其得者也 적인지적이부자적기적자야適人之適而不自適其適者也.《장자》〈변무〉

7장

166 "동류상종同類相從 동성상응同聲相應 고천지리야固天之理也. 천자天子 제후諸侯 대부大夫 서인庶人 차사자자정此四者自正 치지미야治之美也. 사자리위이란막대언四者離位而亂莫大焉."《장자》〈어부〉

167 제경공문정어공자齊景公問政於孔子. 공자대왈孔子對曰 "군군신신부부자자君君臣臣父父子子."《논어》〈안연〉

168 정치政治의 정정은 '바를 정正'과 '칠 복攵'이 결합된 글자다. 즉 채찍질을 해서라도 바르게 만들어 저절로 다스려지게 하는 것이다.

169 자왈子曰 "숙위미생고직孰謂微生高直? 혹걸혜언或乞醯焉 걸저기린이여지乞諸其隣而與之."《논어》〈공야장〉

170 지지위지지知之爲知之 부지위부지不知爲不知 시지야是知也.《논어》〈위정〉

171 십목소시十目所視 십수소지十手所指 기엄야其嚴也.《대학》

172 자장왈子張曰 "석자昔者 걸주귀위천자桀紂貴爲天子 부유천하富有天下. 금위장취왈今謂臧聚曰 '여행여걸주汝行如桀紂' 즉유작색則有怍色 유불복지심자有不服之心者 소인소천야小人所賤也. 중니묵적仲尼墨翟 궁위필부궁爲匹夫. 금위재상왈今謂宰相曰 '자행여중니묵적子行如仲尼墨翟' 즉변용얼색청부족자則變容易色稱不足者 사성귀야士誠貴也. 고세위천자故勢爲天子 미필귀야未必貴也 궁위필부궁爲匹夫 미필천야未必賤也. 귀천지분貴賤之分 재행지미악在行之美惡."《장자》〈도척〉

173 중국 송나라 때 구양수 등이 지은《오대사기열전》중〈사절전死節傳〉에 나오는 말로 한자 표기는 '표사유피인사유명豹死留皮人死留名'이다.

174 "승인자유력勝人者有力 자승자강自勝者强."《도덕경》

175 자하왈子夏曰 "군자유삼변君子有三變 망지엄연望之儼然 즉지야온卽之也溫 청기언야려聽其言也厲."《논어》〈자장〉

176 "부인자夫仁者 기욕립이립인己欲立而立人 기욕달이달인己欲達而達人."《논어》〈옹야〉

177 기성자위왕양투계渚子爲王養鬪雞. 십일이문十日而問 "계가투이호雞可鬪已乎?" 왈曰 "미야未也. 방허교이시기方虛憍而恃氣." 십일우문十日又問 왈曰 "미야未也. 유응향영猶應嚮景." 십일우문十日又問 왈曰 "미야未也. 유질시이성기猶疾視而盛氣." 십일우문十日又問 왈曰 "기의幾矣. 계수유명자雞雖有鳴者 이무변의己無變矣. 망지사목계의望之似木雞矣 기덕전의其德全矣. 이계무감응자異雞無敢應者 반주의反走矣."《장자》〈달생〉

178 신시기군가호臣弒其君可乎?《맹자》〈양혜왕 하〉

179 "도가도道可道 비상도非常道."《도덕경》

180 동곽자문어장자왈東郭子問於莊子曰 "소위도所謂道 오호재악호在?" 장자왈莊子曰 "무소부재無所不在." 동곽자왈東郭子曰 "기이후가期而後可." 장자왈莊子曰 "재누의在螻蟻." 왈曰 "하기하야何其下邪?" 왈曰 "재제패在稊稗." 왈曰 "하기유하야何其愈下?" 왈曰 "재와벽在瓦甓." 왈曰 "하기유심야何其愈甚邪?" 왈曰 "재시뇨在屎溺." 동곽자불응東郭子不應. 장자왈莊子曰 "여유막필汝唯莫必 무호조물無乎逃物."《장자》〈지북유〉

181 자왈子曰 "수능출불유호誰能出不由戶? 하막유사도야何莫由斯道也?"《논어》〈옹야〉

182 류하혜柳下惠라고도 하며 본명은 전획展獲이다.《장자》와《전국책》에는 류하계라는 이름으로《논어》에는 류하혜라는 이름으로 등장한다. 백이伯夷, 숙제叔齊, 우중虞仲, 이일夷逸, 주장朱張, 소련少連과 더불어 춘추시대의 칠현七絃 가운데 한 사람이다. 칠현이란 칠현七賢과 상통하는 의미로 '일곱 사람의 어진 선비'를 뜻한다.

183 도척지도문어척왈盜跖之徒問於跖曰 "도역유도호盜亦有道乎?" 척왈跖曰 "하적이무유도야何適而無有道邪? 부망의실중지장夫妄意室中之藏 성야聖也. 입선入先 용야勇也. 출후出後 의야義也. 지가부지可否 지야知也. 분균分均 인야仁也. 오자불비五者不備 이능성대도자而能成大盜者 천하미지유야天下未之有也."《장자》〈거협〉

184 "부지명不知命 무이위군자야無以爲君子也."《논어》〈요왈〉

185 장적진將適陳 과광過匡. 안각위복顔刻爲僕 이기책지지왈以其策指之曰 "석오입차昔吾入此 유피차야由彼欠也." 광인문지匡人聞之 이위노지양호以爲魯之陽虎. 양호상폭광인陽虎嘗暴匡人. 광인어시수지공자匡人於是遂止孔子. 공자상류양호孔子狀類陽虎. 구언오일拘焉五日.《사기》〈공자세가〉

186 자외어광子畏於匡 안연후顔淵後. 자왈子曰 "오이여위사의吾以女爲死矣." 왈曰 "자재子在 회하감사回何敢死?"《논어》〈선진〉

187 자외어광子畏於匡 왈曰 "문왕기몰文王旣沒 문부재자호文不在玆乎! 천지장상사문야天之將喪斯文也 후사자부득여어사문야後死者不得與於斯文也. 천지미상사문야天之未喪斯文也 광인기여여하其如予何?"《논어》〈자한〉

188 본명은 희창姬昌이다. 은나라의 마지막 왕인 주왕紂王 때 서백西伯이 되어 백성들을 편안하게 하였다. 주周나라 무왕武王과 주공周公 단旦의 아버지다.

189 본명은 희단姬旦이다. 무왕을 도와 은나라를 멸망시켰다. 무왕이 죽자 조카인 성왕成王을 도와 섭정하며 주나라의 제도를 정비하고 예악禮樂을 확립시켰다. 뛰어난 철학자며 정치가였다.

190 "용자불구勇者不懼."《논어》〈자한〉

191 "오십이지천명五十而知天命."《논어》〈위정〉

192 사생死生 명야命也. 기유야단지상其有夜旦之常 천야天也. 인지유소부득여人之有所不得與 개물지정야皆物之情也. 천학泉涸 어상여처어륙魚相與處於陸 상구이습相呴以濕 상유이말相濡以沫 불여상망어강호不如相忘於江湖. 부대괴재아이형夫大塊載我以形 노아이생勞我以生 일아이로佚我以老 식아이사息我以死. 고선오생자故善吾生者 내소이선오사야乃所以善吾死也.《장자》〈대종사〉

휘청이는 삶을 다잡아 주는 공자와 장자의 지혜

**현명한 사람은
삶의 무게를 분산한다**

초판 1쇄 발행 2024년 6월 28일
초판 3쇄 발행 2024년 7월 18일

지은이 제갈건
펴낸이 김선식, 이주화

기획편집 임지연
콘텐츠 개발팀 김찬양, 이동현, 임지연
디자인 날마다작업실

펴낸곳 ㈜클랩북스 **출판등록** 2022년 5월 12일 제2022-000129호
주소 서울시 마포구 어울마당로3길 5, 201호
전화 02-332-5246 **팩스** 0504-255-5246
이메일 clab22@clabbooks.com
인스타그램 instagram.com/clabbooks
페이스북 facebook.com/clabbooks

ISBN 979-11-93941-06-5 (03150)

㈜클랩북스는 독자 여러분의 책에 관한 아이디어와 원고 투고를 기다리고 있습니다.
책 출간을 원하시는 분은 이메일 clab22@clabbooks.com으로 간단한 개요와 취지, 연락처 등을 보내주세요.
'지혜가 되는 이야기의 시작, 클랩북스'와 함께 꿈을 이루세요.